Doctor Dail
2

I Helen
Cofion cynnes
Bethan Wyn Jones

Bethan
x

Ni all yr awdur na'r cyhoeddwr dderbyn unrhyw gyfrifoldeb am unrhyw sefyllfa neu broblemau a allai godi drwy arbrofi gydag unrhyw un o'r llysiau llesol neu'r meddyginiaethau y cyfeirir atynt yn y gyfrol hon.

Argraffiad cyntaf: 2009

ⓗ Bethan Wyn Jones

Rhif rhyngwladol: 978-1-84527-201-2

Mae'r cyhoeddwr yn cydnabod cefnogaeth ariannol Cyngor Llyfrau Cymru

Cyhoeddwyd gan
Wasg Carreg Gwalch,
12 Iard yr Orsaf, Llanrwst, Conwy, LL26 0EH.
Ffôn: 01492 642031 Ffacs: 01492 641502
e-bost: llyfrau@carreg-gwalch.co.uk
lle ar y we: www.carreg-gwalch.co.uk

Argraffwyd a chyhoeddwyd yng Nghymru.

Cynnwys

4

Cyflwyniad

Dilyniant yw'r gyfrol hon i *Doctor Dail 1*, ac mae hon eto yn trafod rhai o'r gwahanol blanhigion meddyginiaethol mae dyn wedi gwneud defnydd ohonynt dros y blynyddoedd.

Mae'n amhosibl dweud i sicrwydd pryd y dechreuwyd defnyddio planhigion meddyginiaethol at ein lles, ond mi allwn fod yn weddol sicr fod hyn wedi digwydd ers canrifoedd lawer. Yr hyn sy'n rhyfeddol ydi fod yna ddiddordeb yn parhau yn y pwnc hyd yn oed mewn oes lle mae gennym afael hawdd a rhwydd ar bob math o foddion modern.

Yn y gyfrol hon, rydw i wedi ceisio cynnwys ychydig o wybodaeth am arferion, llên gwerin a thraddodiadau sy'n gysylltiedig â rhai o'r planhigion sydd dan sylw yn ogystal â'r defnydd meddyginiaethol ohonynt. Mae nifer ohonyn nhw'n blanhigion sy'n ddigon cyffredin i ni – rhai fel yr erwain, bysedd y cŵn a'r helygen. Mae rhai eraill, fel y saets a'r camri, yn fwy cartrefol yn yr ardd nac ydyn nhw yn y gwyllt.

Blodeuo'n gynnar yn y flwyddyn mae rhai o'r planhigion fel y dulys, y llwylys a'r ddraenen ddu ac eraill fel y milddail a'r fwyaren yn blodeuo'n fwy diweddar. Mae rhai o'r planhigion yn wirioneddol drawiadol – rhai fel celyn y môr, craf y geifr a bysedd y cŵn, tra bod eraill o'r blodau, fel chwerwlys yr eithin a'r feidiog lwyd yn fwy disylw.

Telir sylw hefyd i rai planhigion sydd â'u henwau yn ddigon cyfarwydd i ni, fel y myrr a'r pabi, ond nad ydyn nhw'n blanhigion cynhenid. Yr hyn sy'n gyffredin i'r cyfan ydi eu bod nhw i gyd yn ddefnyddiol.

Fel yn *Doctor Dail 1*, ymgais ddirodres sydd yma i ddisgrifio'r planhigion ac i nodi peth o'u hanes a'r defnydd meddyginiaethol sydd wedi'i wneud ohonyn nhw. Gobeithio y cewch chi flas ar y darllen, ond da chi peidiwch â mynd ati i'w defnyddio nhw oni bai eich bod chi'n hollol siŵr eich bod yn adnabod y planhigion ac yn gwybod sut i'w defnyddio.

Bethan Wyn Jones
Awst 2009

5

Bysedd y cŵn

BYSEDD Y CŴN

Digitalis purpurea

Foxgloves

Teulu: bysedd y cŵn, Scrophulariaceae
Enwau eraill: bysedd cochion, gwniadur Mair, bysedd yr ellyllon, menig y tylwyth teg, y cleci coch, ffion, dail llwynog, bys yr ŵydd, clatsh y cŵn
Disgrifiad: planhigyn eilflwydd, neu luosflwydd byrhoedlog, unionsyth; lliw llwydwyrdd melfedaidd ar y dail
Cynefin: coedlannau agored, prysgwydd, rhostir, cloddiau, llecynnau ble mae tir wedi'i glirio
Rhannau a ddefnyddir: dail

Mae yna nifer o enwau hyfryd sydd wedi'u rhoi ar y blodyn yma, ac mae'r enwau lawn mor niferus yn Saesneg hefyd – *fairy gloves, fairy bells, floppy dock, tod-tails* yn ogystal â'r *foxglove*.

Mae'r amrywiaeth enwau yn ein cyfeirio ni at y defnydd sydd wedi cael ei wneud o'r blodau. Mae'n siŵr eich bod chithau, fel finnau, pan oeddech yn blant wedi gafael yn neupen blodyn oedd heb lawn agor a'i gau i ffurfio bag bychan ac yna'i wasgu'n sydyn er mwyn clywed sŵn clecian. Mae'n bur debyg mai'r arferiad hwn sydd wedi ysgogi

enwau fel y cleci coch a clatsh y cŵn.

Dwi'n hoff iawn o'r enw gwniadur Mair ac mae'n hawdd iawn gweld sut y cafwyd yr enw hwn gan fod y blodigyn wedi agor yn ffitio'n daclus fel gwniadur ar ben bys. Mae'n ddigon hawdd gweld sut y cafwyd yr enwau sy'n sôn am fysedd neu fenig hefyd gan fod y blodigau yn edrych yn ddigon tebyg i fysedd neu fenig rhyw greadur bychan, a hawdd iawn credu mai un o'r tylwyth teg fyddai'r creadur bychan hwnnw.

Ond pa enw bynnag ddefnyddiwn ni, maen nhw yn eu blodau yn ystod misoedd Mehefin, Gorffennaf ac Awst ac yn osgeiddig ar y cloddiau pridd a'r ffriddoedd ac yn ymwthio i gorlannau'r brwyn a'r rhedyn, yn torsythu'n dalog uwchben y blodau eraill yn union fel petaen nhw'n sylweddoli eu pwysigrwydd a'u harddwch eu hunain.

Ac maen nhw'n hardd yn dydyn? Eithriadol felly. Eto rhywsut, nid am

eu harddwch rydan ni'n cyfeirio atyn nhw fel rheol ond am eu rhinweddau meddyginiaethol. Dyma'r *Digitalis* enwog sydd wedi'i ddefnyddio i drin clefydau'r galon ond, fel llawer iawn o bethau eraill, mae angen cymedroldeb wrth ei ddefnyddio. Mymryn yn ormod, ac mae'n farwol.

Mae tystiolaeth fod Galen y Groegwr, oedd yn byw rhwng 130 a 200 O.C., yn ei ddefnyddio. Dull hwnnw o dynnu'r elfennau gweithredol o'r planhigyn oedd gwasgu nifer o'r planhigion a chasglu'r sudd ohonynt; mae'r meddyginiaethau sy'n cael eu paratoi fel hyn yn dal i gael eu galw'n 'galenicalau'.

Y cemegau yn y dail sy'n gyfrifol am effeithio ar y galon. Yn wreiddiol, roedd yn cael ei ddefnyddio i gael gwared â dŵr o'r corff – sef cael 'madael â'r dropsi'. Roedd pobl yn gwybod ers tro byd ei fod yn dda i gael gwared â dŵr o'r corff. Yn wir, roedd yn effeithiol iawn; ac weithiau'n rhy effeithiol gan achosi i'r claf farw!

Yn y ddeunawfed ganrif y sylweddolodd William Withering mai'r galon yn hytrach na'r arenau oedd yn cael ei heffeithio gan y cemegau. Drwy gryfhau a rheoli curiad y galon roedd yr arenau'n gweithio'n well ac felly'n gwaredu dŵr o'r corff. Ond roedd faint oedd yn cael ei ddefnyddio yn holl bwysig. Ychydig yn ormod, ac fe fyddai curiad y galon yn cael ei atal. Hyd heddiw, mae digitocsin a digocsin yn dal i gael eu defnyddio mewn meddygaeth i reoli curiad y galon.

Mae Emyr Wyn Jones yn ei gyfrol *Lloffa yn Llŷn* yn cyfeirio at allu un o'i hynafiaid, sef Hen Wraig Bryn Canaid a adwaenid hefyd fel 'Meddyges Bryn Canaid' i ddefnyddio bysedd y cŵn. Anne Griffith oedd ei henw a bu farw yn 1821 yn 87 mlwydd oed. Nain ei nain ar ochr ei dad oedd hon ac roedd yn gyfarwydd â defnyddio bysedd y cŵn neu'r bysedd cochion. Roedd yn casglu dail, coesau a blodau a'u rhoi mewn cafn oedd mewn craig. Byddai'n rhoi pwysau ar ben y bysedd cochion ac wedi hynny yn rhoi dŵr glaw ar eu pen. Gadewid hwn nes oedd y dŵr yn ddu; cymryd peth ohono a'i roi mewn potel ac yna ychwanegu dŵr glân ato, a'i rannu 'at wendid y galon'.

Yr hyn sy'n gwneud y stori hon yn arbennig o ddifyr ydi fod yr hen wraig yn byw tua dwy ganrif yn ôl a hyd y gwyddys, doedd hi ddim yn gallu darllen. Mae Emyr Wyn Jones yn nodi mai'r llyfrau fyddai ar gael

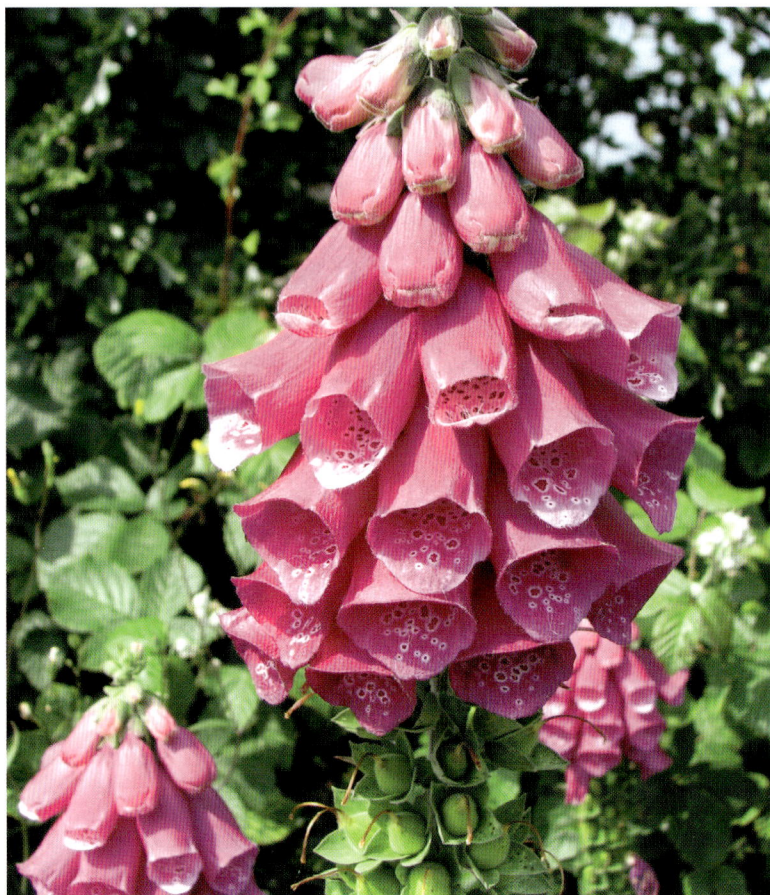

yn y cyfnod yma oedd gwaith John Gerard, *Herball – Historie of Plants* a gwaith Nicholas Culpepper, *Compleat Herbal*. Dydi'r naill na'r llall yn cyfeirio at rinweddau bysedd y cŵn i drin afiechydon y galon. Yn 1785 y cyhoeddodd Withering ei waith, ac yn ôl pob sôn wedi clywed am hen wraig oedd yn byw yn swydd Amwythig oedd yn defnyddio bysedd y cŵn roedd o. Yn *Lloffa yn Llŷn*, mae Emyr Wyn Jones yn holi sut y gwyddai'r hen wraig yn swydd Amwythig a Hen Wraig Bryn Canaid am ddefnyddioldeb bysedd y cŵn i drin 'gwendid y galon'? Cwestiwn da!

Mae'r planhigyn yn cael ei ddefnyddio'n hefyd mewn homeopathi i drin iselder, methu cysgu, a'r meigryn yn ogystal â chlefyd y galon, a thrafferthion gyda'r arenau.

Gair i gall. Un enw arall ar y blodyn yn Saesneg ydi *dead man's bells*. Mwyhewch y blodau ar bob cyfri, ond peidiwch ar boen eich bywyd â mynd ati i ddoctora eich hun, oni bai eich bod chi'n gwbwl sicr eich bod yn gwybod be rydych chi'n ei wneud (a hyd yn oed wedyn, mi faswn yn meddwl ddwywaith am y peth!). Mi all fod y peth dwytha wnewch chi!

> **RHYBUDD**
> Peidiwch â defnyddio'r planhigyn hwn fel meddyginiaeth oni bai eich bod yn gwybod sut i wneud y defnydd cywir ohono.

Dulys

14

DULYS

Smyrnium olusatrum

Alexanders

Teulu: teulu'r foronen, Apiaceae
Enwau eraill: alisantr, alisantr y ddulys, bwydlys y mynachod, elisandyr, gauhelogan, llysiau crochan ddu, perllys y meirch
Disgrifiad: planhigyn tal (tua 4 troedfedd), di-flew, â choesau nobl sydd â cheudod wrth i'r planhigyn heneiddio; y dail yn wyrdd tywyll ac yn sgleiniog; y blodau yn felyn/wyrdd ac mewn pen cyfansawdd yn ffurfio wmbel; yn ei flodau fel arfer rhwng Mawrth a Mehefin; y ffrwyth yn fach, yn siâp ŵy ac yn ddu pan fydd yn aeddfed
Cynefin: llwybrau, ochrau'r ffyrdd, tir anial, ochrau'r goedwig, wrth ochr y môr fel rheol
Rhannau a ddefnyddir: pob rhan

Un o'r planhigion cyntaf i ymddangos yn y gwrych ar ddechrau'r flwyddyn ydi'r dulys. Planhigyn reit fawr ydi'r dulys, sydd erbyn diwedd yr haf yn gallu tyfu i tua throedfedd a hanner o uchder, a weithiau yn gymaint â phedair troedfedd.

Ar ddechrau'r flwyddyn, mae'r planhigyn yn llawer iawn llai, ac mae'r dail yn ymddangos yn wyrdd glân yn erbyn y gwrychoedd a'r cloddiau sy'n llawer iawn mwy llwydaidd. Dwi'n eitha cyfarwydd â gweld y planhigyn yma o gwmpas y Talwrn, ac mae o'n reit gyffredin ar arfordir Môn, ond mae'n prinhau pella'n y byd rydych chi'n mynd oddi wrth y môr.

Planhigyn o ardal Môr y Canoldir ydi hwn. Planhigyn o Facedonia, mae'n debyg, ac roedd o'n arfer cael ei nabod fel '*the Parsley of Alexandria*' – a hynny am wn i am fod y blodyn yn edrach yn ddigon tebyg i bersli pan fydd hwnnw wedi blodeuo a mynd i had. Yr enw Saesneg cyffredin arno ydi *alexanders*. Mae'n bur debyg mai'r Rhufeiniaid ddaeth â hwn drosodd hefo nhw. Wel, maen nhw'n cael y bai am bob dim yn tydyn?

Waeth iddyn nhw gael y bai am ddŵad â hwn hefyd i'r ynysoedd 'ma. Er, mai'n gwbl bosib fod ei had wedi cael ei gario hefo gwahanol longau tros y canrifoedd, ac mai dyma'r rheswm ei fod i'w gael yn weddol agos at y môr. Erbyn heddiw mae o wedi hen gartrefu yn y gwyllt.

Yn ôl pob sôn, roedd y Rhufeiniaid wedi dŵad â fo yma er mwyn ei fwyta mewn salad, a gwneud stiw aballu hefo fo. Os edrychwch chi'n ofalus ar y goes, mi welwch ei bod yn ddigon tebyg i goes helogan, neu seleri. Hynny ydi, rhyw hanner cylch hefo ryw linynnau main hir yng nghanol y goes. Os ydych chi'n arfer bwyta seleri, mi wyddoch fod yn rhaid i chi gnoi'r goes yn reit egar. Wel, mae'r dulys yn ddigon tebyg. Dydi'r goes ddim mor fawr ag un y seleri, ond mae angen cnoi llawn cymaint arni! Mae'r blas yn llawer iawn mwy siarp, a dydi hynny ddim at ddant pawb, ac maen perthyn i'r un teulu â'r seleri.

Nid y goes ydi'r unig ddarn o'r dulys y gellwch chi ei fwyta. Mi fyddai'n arferiad bwyta'r blodau ifanc, sy'n edrych yn ddigon tebyg i flodfresych; ac weithiau mi fyddan nhw'n cael eu piclo er mwyn eu cadw tros y gaeaf. Gan fod y planhigyn yn ei flodau rhwng Mawrth a Mehefin roedd digon o gyfle i gasglu'r blodau.

Mae'r dail wedyn yn gyfoethog mewn fitamin C, ac mae sôn fod bwyta'r dulys yn help wrth dreulio bwyd. Roedd y planhigyn hefyd yn cael ei ddefnyddio i wneud medd. A tybed ydych chi'n hoff o banas? Wedi'u rhostio ella, hefo cig eidion ar y Sul? Wel, mae modd defnyddio gwreiddiau'r dulys yn hytrach na phanas. Mae'n debyg ei fod wedi cael

ei fwyta tan tua dechrau'r ddeunawfed ganrif, pan ddaeth seleri i'r fei, ac wedyn yn raddol fach, dechreuodd pawb ddefnyddio'r seleri, ac mi aeth y dulys cyffredin ar goll.

Arferai llongwyr defnyddio'r dulys ar ôl mordaith hir er mwyn 'clirio'r gwaed', yn ddigon tebyg i'r hyn wneid â'r llwylys neu'r dail sgyrfi. Mae'n debyg yr arferai llongwyr lanio ar arfordir Môn er mwyn casglu'r dulys a'i fwyta, a'r rheswm am hyn oedd am ei fod yn gyfoethog mewn fitamin C.

Gwnaed defnydd ohono ar Ynys Manaw er mwyn trin gwartheg oedd â briwiau yn y geg, ac mae sôn ei fod hefyd wedi'i ddefnyddio gan bobl at y ddannodd.

Defnyddid sudd y dulys er mwyn glanhau clwyfau, trin y fogfa a'r mislif. Mae hefyd wedi'i ddefnyddio fel diwretig ac er mwyn helpu i dreulio bwyd. Roedd Culpepper o'r farn y gallech chi ei ddefnyddio ar gyfer '*opening obstructions of the liver and spleen, provoking wind and urine*'.

Credir fod y dulys wedi cael ei blannu a'i ddefnyddio gan y mynachod yn y mynachlogydd fel un o'r llysiau llesol. Mae'n bosib mai dyma pam y gwelwch chi'r dulys yn tyfu hyd heddiw wrth olion hen fynachlogydd a hen gestyll.

> **RHYBUDD**
> Peidiwch â defnyddio'r planhigyn hwn fel meddyginiaeth oni bai eich bod yn gwybod sut i wneud y defnydd cywir ohono.

Y feidiog lwyd

Y FEIDIOG LWYD

Artemisia vulgaris

Mugwort

Teulu: teulu llygad y ddydd; Asteraceae (Compositae)

Enwau eraill: bydiog lwyd, canwraidd lwyd, gwrysgen lwyd, llwydlys, llysiau Ieuan, llysiau Ifan, llysiau llwyd

Disgrifiad: Planhigyn lluosflwydd, gweddol dal, braidd yn flewog ac aroglau fymryn yn aromatig; mae'r goes yn sefyll i fyny yn syth ac yn aml iawn, mi fydd yna fymryn o wawr goch ar y goes; dail mân, gwyrdd sydd ganddo ac mae'r rhain wedi'u rhannu'n bluog, ond mae ochr isaf y ddeilen yn llwyd neu arian hefo blew mân; mae'r blodau wedi'u trefnu mewn paniglau ar hyd ochr y goes, ac yn aml iawn, mi fydd gwawr goch neu frown ar y blodau; mi fydd yn blodeuo fel rheol o tua mis Mai tan fis Medi

Cynefin: ochrau'r ffyrdd, cloddiau, argloddiau, tir anial, yn agos i adeiladau neu ffyrdd; yn tyfu ar wahanol briddoedd

Rhannau a ddefnyddir: dail, planhigyn cyfan; mae blas chwerw arno

---

Artemisia vulgaris ydi'r enw gwyddonol ar y planhigyn a 'mugwort' yn Saesneg. Enwau eraill ar y planhigyn yn Saesneg ydi *felon herb*, *chrysanthemum weed* a *wild wormwood*. *Artemisia absinthium*, os cofiwch chi, ydi'r enw gwyddonol ar y wermod lwyd, ac mi welwch fod y ddau blanhigyn o'r un genws, ac maen nhw'n edrych yn ddigon tebyg i'w gilydd.

Mi ddowch chi ar draws y feidiog lwyd yn aml iawn ar yr arfordir yn y darn gwyllt o dir sydd rhwng rhan uchaf y penllanw a'r tir lle mae dyn wedi'i amaethu. Er, mi ddylwn wneud yn berffaith glir nad dyma'r unig le y gwelwch chi'r planhigyn ac mi ddowch ar ei draws o mewn llefydd amrywiol iawn, gan gynnwys llethrau'r bryniau yn ogystal â'r arfordir.

Mae'n debyg fod y feidiog lwyd wedi'i ddefnyddio gan ddyn ers Oes y Cerrig a'i ddefnyddio nid yn unig yn Ynysoedd Prydain ond drwy

Ewrop a rhannau o Asia hefyd. Roedd pobl yn credu fod gan y feidiog lwyd y gallu i daenu pob math o hud a lledrith. Arferid ei ddefnyddio i gadw ysbrydion drwg draw fel rhan o ddathliadau paganaidd heuldro'r haf ar Alban Hefin.

Roedd yna dybiaeth os basach chi'n stwffio'r feidiog lwyd i'ch esgidiau y basa hyn yn rhoi nerth i chi os oedd angen i chi gerdded neu redeg ymhell. Gyda llaw, er mwyn cael y rhin gorau o'r planhigyn roedd angen i chi fod wedi casglu'r feidiog lwyd cyn i'r wawr dorri!

Os oeddech chi'n casglu'r planhigyn a'i roi yn eich gobennydd, yna mi fyddech chi'n breuddwydio am bethau oedd yn mynd i ddigwydd. Yn ôl traddodiad, os oeddech chi'n cario darn o'r feidiog lwyd, yna doedd dim posib i chi gael eich gwenwyno, dioddef o dwymyn haul na chael eich brifo gan anifeiliaid rheibus.

Mae yna gred os ydych chi'n rhoi rhywfaint o'r feidiog lwyd mewn tŷ ei fod yn atal ysbrydion drwg a chorachod rhag dod i mewn i'r tŷ. Yn Japan, maen nhw'n defnyddio bwndeli o'r feidiog lwyd er mwyn cadw anhwylderau draw o'r cartref, ac yn China mae yna draddodiad o osod y planhigyn uwchben y drysau i gadw ysbrydion aflan draw.

Roedd dail y feidiog lwyd yn arfer cael eu sychu a'u smocio.

Mae'r feidiog lwyd wedi'i ddefnyddio gryn dipyn mewn dewiniaeth am fod pobl yn credu ei fod yn ddefnyddiol wrth alluogi pobl i freuddwydio ond ar yr un pryd i fod yn ymwybodol eu bod nhw'n breuddwydio. Mae'n debyg, os ydych chi'n cymryd tenti'r feidiog lwyd

cyn mynd i gysgu eich bod chi'n breuddwydio breuddwydion byw iawn, ac yn llwyddo i gofio llawer o'r breuddwydion ar ôl deffro.

Yn ystod y canol oesoedd, arferid defnyddio'r feidiog lwyd fel rhan o gymysgedd o berlysiau oedd yn cael ei ddefnyddio i roi blas ar gwrw – cyn i hopys ddechrau cael eu defnyddio. Mae'n ddigon posibl nad effeithiau'r cwrw yn unig roedd pobl yn ei brofi, ond eu bod nhw hefyd yn profi effeithiau rhithweledol y planhigyn.

Roedd y feidiog lwyd yn sicr yn cael ei ystyried yn berlysieuyn hud oedd yn rhoi diogelwch i'r sawl oedd yn ei ddefnyddio. Mae wedi'i ddefnyddio i gadw pryfetach, a gwyfynod yn arbennig o'r ardd, ac mae wedi'i ddefnyddio ers canrifoedd er mwyn atal lludded ac i ddiogelu teithwyr rhag ysbrydion aflan. Mae'n un o'r naw perlysieuyn sy'n cael ei enwi yn y '*Nine Herbs Charm*', sef swyn mewn hen Saesneg a gafodd ei chofnodi yn y ddegfed ganrif. Pwrpas y swyn oedd trin pobl oedd wedi'u gwenwyno ac i drin haint drwy ddefnyddio'r naw perlysieuyn.

Roedd y planhigyn yn cael ei ddefnyddio i esmwytho gwewyr esgor, ac i lanhau'r groth ar ôl i'r baban gael ei eni. Mae'n ddiddorol sylwi mai *Artemisia vulgaris* ydi enw gwyddonol y planhigyn ac mai Artemis oedd y dduwies Roegaidd oedd â gofal am famau a phlant. Mae'n bosib hefyd ei fod wedi cael ei ddefnyddio, fel y wermod lwyd a'r tansi, i erthylu, ond ychydig iawn o gofnodion ysgrifenedig sydd yna am hyn.

Roedd y feidiog lwyd, eto fel y wermod lwyd, yn cael ei ddefnyddio i gael gwared â llyngyr o'r corff. Defnydd arall oedd yn cael ei wneud ohono oedd i wella annwyd, peswch a'r ddarfodedigaeth.

Nid yn Lloegr yn unig roedden nhw'n meddwl am y feidiog lwyd fel planhigyn oedd â phwerau i gadw ysbrydion aflan draw. Am ei fod yn cael ei gysylltu â duw'r mellt a tharanau, roedd yna gred ei fod ar ei fwyaf effeithiol ar Noswyl Ifan, sef yr amser pan oedd haul a golau yn fwyaf tanbaid. Mae'r hen gred hon yn para i raddau yn Ynys Manaw, lle mae sbrigyn ohono'n cael ei wisgo ar Ddydd y Tynwald. Dyma pryd mae hen senedd yr ynys yn casglu at ei gilydd i ddarllen y deddfau newydd ar gyfer y flwyddyn sydd i ddod.

> **RHYBUDD**
> Peidiwch â defnyddio'r planhigyn hwn fel meddyginiaeth oni bai eich bod yn gwybod sut i wneud y defnydd cywir ohono.

Llwylys

LLWYLYS

Cochlearia officinalis

Common scurvygrass

Teulu: teulu'r fresychen, Brassicaceae

Enwau eraill: morlwyau meddygol, morlwyau cyffredin, llysiau'r llwy, dail y sgyrfi, lleynllys, llwglys, llwylys meddygol, llys y llwy

Disgrifiad: planhigyn eilflwydd, di-flew; tyfu'n gymharol isel; dail gwyrdd tywyll, siâp calon, sgleiniog ac yn llawn sudd; mae siâp y dail sy'n tyfu ar y goes yn wahanol i'r rhai sy'n tyfu ar goesyn; pen o flodigau bach gwyn yn creu un pen cyfansawdd

Cynefin: ger yr arfordir, clogwyni a chreigiau'r arfordir, waliau, ochrau llwybrau a ffyrdd ger y môr

Rhannau a ddefnyddir: dail

Roedd yr haul wedi bod yn gwahodd drwy'r dydd a finna'n sownd o flaen y cyfrifiadur. Felly ar noson braf o wanwyn dyma droi trwyn y car am Laneilian. Roedd y wlad yn eithriadol o braf a'r ŵyn bach i'w gweld yn rhedeg ar draws y caeau ymhobman. Roedd 'na gudyll coch yn hofran uwchben wrth i mi anelu i lawr y lôn gul am Borth Eilian, a'r haul yn adlewyrchu'r cochni ar ei gefn.

Dringo i fyny wedyn ar hyd y darn o lôn sy'n arwain at y goleudy, ac yna gadael y car ac edrych i lawr ar y bae bychan oddi tanodd. Oedd, roedd y gwynt yn fain, ond gan fy mod i wedi lapio amdanaf yn gynnes, doedd o ddim gwahaniaeth gen i ac roedd yr olygfa'n werth ei gweld. Roedd y llanw'n dod i mewn ac roedd yna blant yn cerdded eu ceffylau i mewn i'r môr islaw a'r tonnau'n llepian yn ddistaw ar y lan.

Roedd gwylanod yn hedfan o fy nghwmpas ym mhobman – wel, nid yn gymaint hedfan ond ryw hanner nofio ar awel yr hwyr mewn ffordd ddioglyd braf, a llu o rai eraill yn sefyll yn ddistaw bach gan fwynhau'r haul yn machlud, ac yn cadw sŵn bob hyn a hyn.

Yn is i lawr ar y creigiau oedd yn codi'n ddu o'r môr roedd tair mulfran yn sefyll yn ddisgwylgar gan edrych i mewn i'r môr, ac yn codi

ac ysgwyd eu hadenydd bob hyn a hyn fel tasa nhwtha hefyd yn mwynhau haul yr hwyr.

Mi fydda i bob amser yn dotio at y darn yma o lwybr arfordir Môn am fod yna gymaint o gen i'w weld yn tyfu ar y creigiau serth – arwydd fod yr amgylchedd yn lân yma. Roedd yna argoel hefyd y byddai yna dwmpathau o glustog Fair ymhen ryw wythnos neu ddwy, ac roedd dail yr amranwen arfor a dail llwyd y gludlys arfor i'w gweld ar hyd ac ar led y creigiau. Roedd yr eithin yn wych yn ei fantell felen ac arogl cnau coco cryf yn codi o'r llwyni llydan.

Ym mhobman ar y darn gwastad uwchben y môr yn gnwd gwyn fel yr eira roedd y llwylys cyffredin. Y *common scurvygrass* ydi enw hwn yn Saesneg, a *Cochlearia officinalis* ydi'r enw gwyddonol arno fo. Mae'n well gen i yr enw Cymraeg morlwyau ar y planhigyn yma am ei fod yn disgrifio'r cynefin yn well. Yn y gwanwyn fel hyn, mae o'n ddigon cyffredin o gwmpas yr arfordir, ac yn hardd ryfeddol – fel cymylau mawr gwyn ar lawr.

Mae'r planhigyn wedi'i ddefnyddio i drin y sgyrfi. Y clefri poeth neu'r llwg ydi enw arall ar yr afiechyd yma. A hen afiechyd digon cas ydi o hefyd. Diffyg yn y meinwe sy'n glynu celloedd at ei gilydd sy'n ei achosi o, ac mae rhywun yn gwybod ei fod yn dioddef o'r llwg pan fydd tu mewn i'r geg yn dechrau gwaedu. Mae'r croen yn dechrau gwaedu, mae gwaedu'n digwydd o gwmpas y cymalau a phan fydd briwiau oedd wedi dechrau mendio, yn ailddechrau gwaedu.

Mae'n cael ei achosi gan ddiffyg fitamin C a hynny fel arfer am nad oes 'na ddigon o lysiau a ffrwythau ffres ar gael. Flynyddoedd yn ôl roedd morwyr yn arfer dioddef yn o arw o'r llwg pan oedden nhw'n gorfod treulio misoedd ar fwrdd eu llong ar y môr a dim gobaith am fwyd ffres.

Mae dail y llwylys yn gyfoethog mewn fitamin C. Unwaith y byddai'r morwyr yn gweld tir, roedden nhw'n glanio ac yn chwilio am y planhigyn hwn. Roedden nhw wedyn yn torri deilen ac yn ei chnoi er mwyn cael y fitamin C neu'r asid asgorbig i roi enw arall arno.

Roedd Capten James Cook yn ofalus o iechyd ei forwyr, ac mae'n cael y clod am fynd i'r afael â phroblem y llwg neu'r clefri poeth. Un a fu gydag o ar rai o'i fordeithiau oedd gŵr o Nantglyn, Sir Ddinbych – Dr David Samwell neu Dafydd Ddu Feddyg (1751 – 1798), oedd yn dyst i ladd Cook ar Ynys Tahiti. Mae Samwell yn sôn yn ei Ddyddlyfr iddynt baratoi cwrw pyrwydden yn Seland Newydd i'w yfed ac i'w gario ar eu teithiau, a bod hwn yn ddefnyddiol i'r llongwyr i'w gwaredu rhag y clefri poeth.

Roedd dail y llwylys wedi'u cleisio yn cael eu defnyddio i drin wlserau a mân friwiau ar y croen. Ar un adeg byddai'r llwylys yn cael ei gasglu ar hyd glannau afon Tafwys a'i werthu yn Llundain. A hyd yn oed

mewn ardaloedd ymhell oddi wrth y môr roedd y llwylys yn arfer cael ei gymysgu hefo ffrwythau a pherlysiau eraill i wneud tonic ar gyfer rhywun oedd yn gwella ar ôl anhwylder. Felly mae'r planhigyn bach dibwys yr olwg yma hefo'i flodau gwyn yn un defnyddiol dros ben. Mae 'na gred ei fod yn gweithio'n well os ydych chi'n ei gasglu'n ffres a'i ddefnyddio ar unwaith, ond mae modd hefyd ei gasglu ddiwedd y gwanwyn neu ddechrau'r haf a'i sychu er mwyn ei ddefnyddio yn ystod y gaeaf.

Os cewch chi gyfle ryw noson, pam nad ewch chi draw i Drwyn Eilian i fwynhau hedd min nos o wanwyn ym Môn a rhyfeddu at y llwylys sy'n tyfu yna?

RHYBUDD
Peidiwch â defnyddio'r planhigyn
hwn fel meddyginiaeth oni bai
eich bod yn gwybod sut i wneud y
defnydd cywir ohono.

Milddail

MILDDAIL

Achillea millefolium

Milfoil, Yarrow

Teulu: llygad y dydd, Asteraceae (Compositae); mae'n perthyn i'r grŵp Achillea, y *sneezworts* yn Saesneg

Enwau eraill: gwilffrai, llysiau'r gwaedlif, llysiau marwolaeth, llysiau'r gwaedlin, minfel, wrisgan lwyd

Disgrifiad: planhigyn lluosflwydd, unionsyth, coes wydn, aromatig; pen cyfansawdd o flodigau bach tua 3-6mm ar draws; y canol yn hufen neu'n wyn a phetalau rheiddiol gwyn neu binc/porffor golau

Cynefin: planhigyn cyffredin sy'n tyfu ar laswelltir sych, cloddiau a thir anial

Rhannau a ddefnyddir: blodau, dail, gwreiddiau

Mae'r milddail yn dechrau blodeuo ym mis Mehefin ac yn para tan o leiaf ddiwedd mis Medi ac fe'i gwelir yn ei flodau yn aml iawn yn ystod mis Hydref. Rydw i wedi'i weld yn ei flodau ym mis Tachwedd hyd yn oed. *Yarrow* neu *milfoil* ydi'r enw Saesneg, ac mae'n blanhigyn hynod o ddefnyddiol. Mae 'na nifer o enwau eraill arno yn Saesneg: *milfoil*, *nosebleed*, *staunchgrass* a *staunchweed*.

Roedd yna ddywediad ers talwm pan oedd teuluoedd yn lladd mochyn a'i halltu dros y gaeaf, fod modd gwneud defnydd o bopeth ond ei wich. Wel, mae'r milddail rywbeth yn debyg!

Pen cyfansawdd sydd gan y blodyn, ac fel rheol lliw gwyn sydd ganddo fo, ond mi gewch chi hefyd flodau pinc golau a rhai â lliw pinc fymryn yn dywyllach. Mae'n flodyn digon cyffredin ym môn y gwrych, gweirgloddiau, coedlannau agored ac ochrau'r ffyrdd. Mae ganddo ddosbarthiad cyffredin drwy Ewrop a gorllewin Asia, a hyd yn oed oddi fewn i Gylch yr Arctig, ac mae wedi'i gyflwyno i Ogledd America, de Awstralia a Seland Newydd.

Cesglir y blodau i wneud cyffuriau ohonyn nhw. Mi fyddan yn cael eu torri a'u gadael i sychu naill ai ar lawr neu drwy eu hongian o'r to ond heb adael i'r tymheredd fynd yn uwch na 40 gradd Celsiws. Arogl aromatig sydd gan y planhigyn a blas chwerw sy arno fo ond mae'r cyffur geir yn y blodau yn codi chwant bwyd, ac mae'n dda at gylchrediad y gwaed. Mae wedi'i ddefnyddio i drin anhwylderau'r iau a'r bustl, ac mae defnydd yn cael ei wneud ohono mewn homeopathi i drin colli gwaed o'r tu fewn i'r corff.

Mae gan Ann Jenkins yn ei llyfr *Llysiau Rhinweddol* (Gwasg Gomer) bennill hyfryd i'r milddail:

> '*Llysieuyn yw hwn sydd yn rhwydd ei gael,*
> *Mae'n tyfu'n wyllt, hawdd nabod y dail,*
> *Blodeua am bedwar mis yn yr haf,*
> *Casglu'r rhan uchaf a'u sychu nhw'n braf,*
> *Eu hongian mewn awyr heb lawer o wres,*
> *Wedi sychu'n iawn, maent yn siŵr o wneud lles.*
> *Mwydo ychydig mewn peint o ddŵr berw,*
> *Llwyaid o siwgwr, os bydd yn rhy chwerw,*
> *Cymryd un gwydraid bach deirgwaith y dydd,*
> *I gylchrediad y gwaed, gwellhad a fydd.*'

Mae'r milddail yn cael ei ddefnyddio mewn homeopathi i atal gwaedu mewnol, ac mae'r blodau'n cael eu casglu ar gyfer gwneud trwyth hefo nhw. Mae'r cyffur yn un gwrthlidiol ac yn gallu atal gwaedu mewnol.

Drwy lyncu'r trwyth, mae'n atal llif y gwaed drwy beri i'r gwythiennau gywasgu ac mae'n cael ei ddefnyddio i drin gwaedlif ar yr arenau a'r ysgyfaint, a phan fydd merch yn dioddef mislif trwm iawn.

Mae yna gofnodion sy'n dangos fod y planhigyn wedi'i ddefnyddio i atal gwaedlyn o'r trwyn, ond mae yna hefyd gofnodion ei fod yn cael ei ddefnyddio i sbarduno gwaedlyn er mwyn gostwng gorlenwad yn y gwythiennau a thrwy wneud hynny i leihau effeithiau meigryn a chur pen.

Yn ôl pob sôn mae wedi'i ddefnyddio i ostwng pwysedd gwaed uchel, gwaedu yn y groth a chramp. Yn Iwerddon mae'n debyg fod smocio'r dail mewn cetyn, neu gnoi'r dail, i fod yn dda at gael gwared â'r ddannodd.

Mae gwreiddgyff neu rheisom y milddail, yn dda at gricymalau ac at drin y ddannodd.

Blas siarp, tebyg iawn i bupur sydd ar y dail, ac mae modd defnyddio'r rhain mewn salad. Enw arall ar y milddail yn Saesneg ydi *poor man's pepper*.

Roedd y milddail yn cael ei ddefnyddio yng nghyfnod yr Eingl-Sacson, ac un enw Saesneg arno ydi *Staunchweed* am ei fod yn cael ei ddefnyddio i atal llif gwaed o glwyfau. Mae'n cael ei adnabod fel 'gwair y saer' mewn ambell i ardal yn Lloegr – hwn eto, mae'n bur debyg yn gyfeiriad at ei ddefnydd i atal llif y gwaed.

O ystyried y nifer o wahanol enwau sydd arno yn Gymraeg a Saesneg, dydi o'n ddim syndod i ddeall fod y planhigyn yn cael ei ddefnyddio mewn sawl rhan o'r byd am ei rinweddau i atal llif y gwaed a hynny mewn nifer o wahanol ffyrdd. Yn aml iawn mae'r dail wedi'u defnyddio i atal llif y gwaed o archollion, briwiau a chlwyfau fel arfer drwy ddefnyddio eli ond weithiau drwy'r roi'r dail ffres yn syth ar y briw fel powltris.

Wrth edrych ar y dail, mae'n ddigon hawdd gweld sut mae'n cael ei enw Lladin *millefolium* – y 'mil o dail'.

Mae'r dail yn tyfu'n fân iawn, iawn ac os cant eu torri maent yn tyfu'n blith draphlith nes eu bod yn ddelfrydol ar gyfer ffurfio gwe i atal llif y gwaed. A hyd heddiw, mae'r dail (rhai newydd eu casglu) yn cael eu defnyddio hefo rhwymyn i'r pwrpas yma.

Mae tarddiad yr enw '*Achillea*' yr un mor ddifyr. Fe gafodd yr enw ar ôl y rhyfelwr Groegaidd, Achiles, oedd yn ôl yr hanes wedi defnyddio'r dail i atal llif y gwaed o archollion y milwyr yn y rhyfel â Chaerdroea. Mae'n amhosibl dweud os ydi hyn yn wir ai peidio, wrth gwrs, ond yn sicr fe wyddai'r Groegiaid am y defnydd a wneid o'r planhigyn.

RHYBUDD
Peidiwch â defnyddio'r planhigyn hwn fel meddyginiaeth oni bai eich bod yn gwybod sut i wneud y defnydd cywir ohono.

Saets

SAETS

Salvia officinalis

Sage

Teulu: teulu'r farddanhadlen (Lamiaceae)
Enwau eraill: ceidwad neu y geidwad
Disgrifiad: perlysieuyn cyfarwydd yn yr ardd; blodau glas mewn sidelli; dail mewn parau gyferbyn â'i gilydd
Cynefin: gardd
Rhannau a ddefnyddir: dail

Sgwn i be fydd gennych chi ar y bwrdd i ginio Dolig eleni? Gŵydd efallai neu, yn fwy poblogaidd erbyn heddiw – twrci. A tybed be fydd gennych chi hefo'r twrci – stwffin o bosib? A stwffin be tybed? Fyddwch chi'n cael stwffin saets a nionyn? Mi fydda i'n lecio cinio Dolig – mae o'n gyfle i storgatchio heb deimlo'n euog yn dydi?

Mae'r saets yn blanhigyn defnyddiol iawn – ac nid i stwffio'r twrci yn unig. Mae'n blanhigyn sy'n ddigon cyffredin yn y gerddi. Er, mae 'na goel na ddylech chi byth blannu saets eich hun yn eich gardd, am fod yna lwc ddrwg yn siŵr o ddilyn os gwnewch chi, ac y dylech chi gael dyn diarth i wneud hyn drosoch chi. Wel, mae'n sicr yn un ffordd o arbed gwaith yn dydi? Mae 'na gred hefyd na ddylai'r saets ddim cael ei blannu ar ei ben ei hun mewn gwely, ond ei fod o angen ryw blanhigyn o rywogaeth arall yn gwmni iddo yno, a'i fod o'n tyfu'n well felly.

Perthyn i deulu'r farddanhadlen mae'r saets – yr un teulu ac mae'r mintys yn perthyn iddo. Mae'n cael ei ddefnyddio mewn homeopathi ar gyfer haint yn y geg a'r llwnc. Mi fedrwch ei ddefnyddio fo i garglo os oes gennych chi ddolur gwddw. Mi rydych chi angen rhoi ryw ddwy lond llwy de o'r dail mewn cwpanaid o ddŵr oer a'i godi i ferwi. Mae o hefyd yn donic i'r corff ac yn gwella cylchrediad y gwaed.

Cyfeiria Meddygon Myddfai sawl gwaith at y geidwad; er enghraifft 'cyfleth rhag genau dolurus'. Y rysáit ydi: 'Cymer lwyaid o sudd y

geidwad, a llwyaid o sudd yr ysgaw, a dwy lwyaid o sudd y mwyar gleision, bywyn afal poeth, a thair llwyaid o fêl, a berw ar dân araf gan gymysg yn ddi-baid onid elo'n gyfleth tew, dod mewn blwch pridd a chau arno'n dda ai gadw at achos, a phan fo dolurus y genau, Cymer faint ŵy colomen a dal yn dy enau oni thoddo, a da yw'. Mae yna o leiaf ddwy rysáit arall ar gyfer doluriau yn y geg, ac mae'r geidwad yn cael ei ychwanegu bob tro.

Maen nhw hefyd yn argymell defnyddio'r geidwad i 'wneud diod rhag y cryd o'r cylla, a'r cryd o'r cnawd'. Dyma sy'n cael ei argymell 'Cais ddyrnaid o rosmari, a dyrnaid o isob, a dyrnaid o'r geidwad, a dyrnaid o'r chwerwyn gwyn, a dyrnaid o'r ffunel cochon ... ' ac yna mae cyfarwyddiadau be i'w wneud hefo'r rhain i gyd. Mae sawl rysáit gan y Meddygon lle maen nhw'n argymell cynnwys 'dyrnaid o'r geidwad'. Felly, mae'n amlwg fod ganddynt ffydd yn y saets neu'r geidwad.

Roedd y sipsiwn yn arfer defnyddio dail y saets a the er mwyn tywyllu'r gwallt wrth iddo fritho, ac roedden nhw hefyd yn ei ddefnyddio ar y croen.

Mae yna ddefnydd hud i'r saets hefyd. Os ydych chi isio i ddymuniad ddod yn wir, yna mae'n rhaid i chi sgrifennu'r dymuniad hwnnw ar un o'r dail a'i guddio dan eich gobennydd, a chysgu arni am dair noson. Os breuddwydiwch chi am yr hyn rydych chi'n ei ddymuno, yna mi ddaw'r dymuniad yn wir. Ond os na wnewch chi freuddwydio am hyn, yna mae'n rhaid i chi gymryd y ddeilen a'i chladdu yn y ddaear i wneud yn siŵr na ddaw dim drwg i chi.

Mae o wedi'i ddefnyddio i sicrhau hir oes ac mae rhai yn credu y gwnewch chi fyw am byth os bwytewch chi rywfaint a saets bob dydd. Dydw i ddim wedi trio hyn fy hun – felly fedra i ddim pasio barn. Mae o hefyd yn cael ei ystyried yn blanhigyn sy'n dda ar gyfer doethineb ac felly, efallai y dylwn i fod yn bwyta llawer iawn mwy ohono!

Chwerwlys yr eithin

CHWERWLYS YR EITHIN

Teucrium scorodonia

Woodsage

Teulu: teulu'r farddanhadlen (Lamiaceae)
Enwau eraill: baddon y coed, chwerwlys y twyn, chwerwyn y twyn, chwilys yr eithin, chwrlas yr eithin, derlys y dŵr, derlys y goedwig, llwyd yr eithin, milrym, saeds y coed, saeds yr eithin, triagl y Cymro ac yscordiwm
Disgrifiad: planhigyn bach unionsyth, canghennog sy'n edrych braidd yn flêr; blodau melyn/hufen sy'n ymddangos ym mis Mehefin; dail mewn parau gyferbyn â'i gilydd ac yn ddigon tebyg i ddail saets ond eu bod yn llai
Cynefin: gwrychoedd a chloddiau, rhostir, prysgwydd; gall dyfu ar dir calch neu ar dir asidig
Rhannau a ddefnyddir: dail

Perthynas i'r saets sy'n tyfu'n wyllt ar y cloddiau yw chwerwlys yr eithin. Mae'n enw gwych yn dydi? Chwerwlys yr eithin. Mae hefyd yn cael ei alw'n chwerlys yr eithin mewn ambell i le.

I edrych arno, mae'r dail yn ddigon tebyg i ddail saets, ond mae'n blanhigyn sy'n llawer iawn llai, a melyn ydi lliw y blodau, tra bod blodau'r saets yn las. Mi fydd chwerwlys yr eithin yn ei flodau rhwng Mehefin a Hydref, ac mae'n edrych yn dlws ryfeddol ar y cloddiau a'r gwrychoedd – a hynny hyd yn oed pan mae o wedi mynd i had ac yn frown yn niwedd mis Hydref a Thachwedd.

Mae chwerwlys yr eithin, *woodsage* yn Saesneg, wedi'i ddefnyddio at nifer o wahanol anhwylderau, a'r dail sy'n cael eu defnyddio fel rheol. Mae yna gofnodion sy'n dangos ei fod wedi'i ddefnyddio i drin cricymalau. Mae o hefyd wedi'i ddefnyddio fel tonig, at yr eryr, y clefyd melyn a'r dolur rhydd.

Roedd te oedd wedi'i wneud hefo chwerwlys yr eithin yn arfer cael ei yfed ar gyfer chwyddiadau, anhwylderau'r stumog a chyfog. Defnyddir y

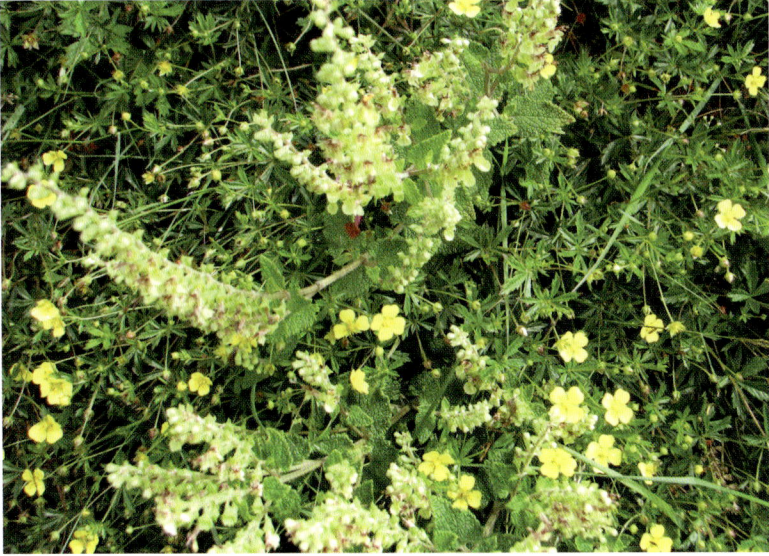

planhigyn hwn mewn homeopathi i drin y diciâu a broncitis.

Aelod o deulu'r farddanhadlen (*Lamiaceae*) ydi chwerwlys yr eithin ac fel sawl aelod arall o'r teulu hwn, mae'n ysgogi chwysu, a dyma pam mae'n debyg ei fod wedi'i ddefnyddio i drin annwyd a pheswch.

Roedd Meddygon Myddfai hefyd yn defnyddio chwerwlys yr eithin, er mai chwerwyn y twyn roedden nhw'n ei alw. Un rysáit sy'n cael ei gynnig ganddynt ydi 'rhag crawnglwyf mewn pen, a elwir postwn y pen, o bydd atal ag ystopiad yn y clustiau'. Rhyw fath o gasgliad neu gôr ydi crawnglwyf – madredd neu ddolur crawnllyd. Mae'n debyg mai *pus* neu *festering sore* fyddai'n enw Saesneg ar hyn, a'r casgliad yma wedyn yn achosi byddardod i'r claf. Y feddyginiaeth oedd: 'Cais chwerwyn y twyn a'i bwyo'n dda, ag eli y cnau almon, a dod mewn llwy arian a'i ddodi ar ucha marworyn, a'i adael i ferwi; a chymer liain glân, a gwna wareth, a throch yn y llyn, a dod yn y clust dolurus, a rhwym hyd pan dorro'r crawn allan'.

Roedden nhw hefyd yn argymell ei ddefnyddio ar gyfer Tân Iddew (*Erysipelas*):

> 'Plasder rhag yr Iddwyf, ac i dynnu cig drwg.' – 'Cymer sudd chwerwyn y twyn a mêl wedi'i gymysgu â halen ag aesel, a chymysg yn dda. A dod amcan o flawd rhyg, a berw, a gwna

blaster, a dod wrth y clwyf, ag arfer y plaster ar ddiod a
ddywespwyd ei fod yn dda rhag y gwst mawr hyd oni el yn iach.'

Bûm yn siarad â Chymdeithas Cymry'r Ucheldir yng Nghapel Curig
beth amser yn ôl, ac wrth drafod rhai o'r planhigion ar ôl y sgwrs, fe
wnaeth rai ddweud eu bod yn cofio cymysgu chwerwlys yr eithin, dail
tafol (*Rumex obtusifolius*) a menyn heb halen i'w rhoi ar byrsiau'r
gwartheg pan oeddent yn boenus.

Mae chwerwlys yr eithin wedi'i ychwanegu at blanhigion eraill er
mwyn trin gwahanol afiechydon. Er enghraifft, roedd yn cael ei
ychwanegu at y ddeilen gron a'r botwm crys er mwyn trin yr eryr. Mae
o hefyd wedi'i ychwanegu at y gruw (*thyme*) a'r gwyddfid (*honeysuckle*) er
mwyn trin y diciâu. Eto, mi gewch chi gofnodion yn dweud fod y gallu
yn y planhigyn hwn i wella pob afiechyd. Mae'n anodd credu hynny
rywsut, ond efallai wedi ychwanegu nifer o blanhigion eraill ato i baratoi
trwyth, fod 'na rywfaint o wir yn yr haeriad.

RHYBUDD
Peidiwch â defnyddio'r planhigyn
hwn fel meddyginiaeth oni bai
eich bod yn gwybod sut i wneud y
defnydd cywir ohono.

Camri

CAMRI
Chamaemelum nobile
Chamomile

Teulu: teulu llygad y dydd (Compositae neu'r Asteraceae)
Enwau eraill: camameil, camamil, camri cyffredin, dailfam, milwydd
Disgrifiad: mae canol melyn a phetalau gwyn, rheiddiol yn lledu o'r canol gan y blodyn; mae'r dail yn fân ac yn bluog
Cynefin: yr ardd fel rheol, ond mae hefyd yn tyfu yn y gwyllt yn ne-orllewin Ynysoedd Prydain
Rhannau a ddefnyddir: blodau

Mae'r camri yn un o'r planhigion hynny sy'n ddigon disylw ar un olwg ac eto sydd wedi cael effaith reit fawr ar ddyn.

Perthyn i deulu mawr llygad y dydd mae o – y Compostiae neu'r Asteraceae. Mae aelodau'r teulu yma, wel y rhan fwyaf ohonyn nhw beth bynnag, hefo pennau nid yn annhebyg i lygad y dydd – y canol melyn, ac wedyn petalau rheiddiol yn arwain o'r canol. A dydi'r camri ddim yn eithriad.

Mae'n o'n perthyn i grŵp yr Achillea. Yn Saesneg, mae'r grŵp yma'n cael eu galw'n *sneezeworts*. Yr ystrewllys ydi'r enw Cymraeg ar y *sneezewort* gyda llaw. Perlysiau lluosflwydd ydyn nhw, ac mae 'na tua chant o wahanol rywogaethau.

Aelod arall o'r teulu ydi'r milddail – *Achillea millefolium*; *yarrow* neu *milfoil* yn Saesneg. Un arall sy'n perthyn ydi'r amranwen arfor (*Matricaria maritima; sea mayweed*). Hwn ydi'r blodyn bach tlws welwch chi'n tyfu wrth yr arfordir yn ystod yr haf. Dydi o ddim yn annhebyg i lygad llo mawr ar yr olwg gyntaf – mae 'na ganol melyn a phetalau gwyn yn lledu o'r canol. Mae'r dail yn fân ac yn bluog ar yr amranwen arfor.

A dydi'r camri ddim yn annhebyg i'r amranwen arfor – y gwahaniaeth amlycaf ydi fod y dail hyd yn oed yn llai ac yn fwy pluog yn y camri. Chamomile ydi'r enw Saesneg arno fo a *Chamaemelum nobile* neu *Anthemis nobile* ydi'r enw gwyddonol. Mae'n debyg mai o enw Groeg mae'r chamomile yn dod, a'i ystyr o ydi 'afal y ddaear'. Mae o wedi cael yr enw am fod arogl afalau ar y planhigyn.

Mi gewch chi o hyd i hwn yn tyfu'n naturiol yn y gwyllt yn Ynysoedd Prydain – ar rostir glaswelltog, tir comin, ochrau'r ffyrdd, cloddiau ac ar lawntiau. Er mae'n deg i ddweud ei fod yn fwy cyffredin o lawer yn y de. Mae o hefyd wedi cael ei dynnu i mewn i'n gerddi ni, a hynny am fod dyn wedi gwneud defnydd ohono fo.

Hwn ydi'r *lawn chamomile* sydd hefyd yn cael ei alw'n *Roman chamomile* neu'r *English camomile*. Ella eich bod chi'n gyfarwydd â'r nofel gan Mary Wesley – *The Camomile Lawn*.

Aelod arall o'r teulu ydi'r '*German camomile*', sef *Matricaria recutita*. Yr amranwen bêr ydi'r enw Cymraeg arno fo, a'r *scented mayweed* ydi enw arall arno fo yn Saesneg. Mae'r amranwen bêr, sy'n cael ei ystyried fel chwyn gan sawl un, wedi'i defnyddio fel planhigyn meddyginiaethol mewn sawl rhan o Ewrop, ond rywsut, erioed wedi'i ddefnyddio'n helaeth yn Ynysoedd Prydain.

Un rheswm dros dyfu camri yn yr ardd oedd er mwyn gwneud te emetig hefo fo – hynny ydi, rhywbeth i achosi i rywun gyfogi, ond nid dyna oedd yr unig reswm dros ei ddefnyddio, ac mae'r mwyafrif o gofnodion o'r defnydd sydd wedi'i wneud o hwn yn dangos ei fod wedi'i ddefnyddio i ymlacio. Mae o hefyd wedi'i ddefnyddio ar gyfer cnofeydd yn y stumog, ac er mwyn llacio poenau yn y pen, y dannedd a'r clustiau oedd yn codi o achos tensiwn neu nerfusrwydd. Mae'r camri hefyd wedi'i

ddefnyddio er mwyn llacio poenau merched yn ystod y mislif, ac er mwyn cysgu'n esmwythach.

Defnydd arall sydd wedi'i wneud ohono fo ydi ar gyfer annwyd, peswch a dolur gwddw. Fel arfer defnyddio'r blodau i wneud te a'i yfed yn boeth wneid i wella annwyd ag ati, ond roedd rhai hefyd yn anadlu'r stêm oedd yn codi wrth roi dŵr berwedig ar y blodau. Roedd hyn yn digwydd ym Morgannwg ac yn Sir Drefaldwyn. Roedd 'na gred yn ne Cymru fod cymryd y gwlith oedd wedi'i ysgwyd oddi ar y blodau yn ddigon i wella'r diciâu.

Defnyddiwyd y blodau i wneud trwyth i roi ar chwydd neu os ydi'r croen yn llidus. Mae modd gwneud eli hefyd hefo'r blodau er mwyn ei roi ar betha fel pen ddyn er mwyn tynnu'r drwg allan ohono, ac mi fedrwch chi ddefnyddio dŵr oddi ar y blodau er mwyn golchi llygaid dolurus. Mae 'na rai yn credu y medrwch chi ddefnyddio'r olew o'r blodau i drin y cengroen neu sorïasis.

Yn ôl pob sôn, mi fedrwch ddefnyddio gwraidd y planhigyn ar gyfer y ddannodd.

Yn sicr mae'r blodau wedi'u defnyddio er mwyn golchi'r gwallt os oes gennych chi wallt golau, er mwyn cadw'r lliw golau. Mae'r camri hefyd wedi'i ddefnyddio i gynhyrchu lliwur – un gwyrdd.

Mae 'na ddefnydd arall i'r camri hefyd – sef defnydd hud. Mae'r blodyn wedi'i ddefnyddio er mwyn denu arian ac mae'r rhai sy'n gamblo yn credu ei fod yn beth lwcus i olchi eich dwylo mewn trwyth o'r planhigyn er mwyn sicrhau eich bod chi'n ennill. Jest y peth cyn i chi fynd ati i ddewis tocynnau'r loteri nos Sadwrn!

> **RHYBUDD**
> Peidiwch â defnyddio'r planhigyn hwn fel meddyginiaeth oni bai eich bod yn gwybod sut i wneud y defnydd cywir ohono.

Helygen

HELYGEN

Salix

Willow

Teulu: teulu'r helygen; Salicaceae
Enwau eraill:
Disgrifiad: coed sy'n tyfu i tua 12 m o uchder
Cynefin: mannau gwlyb
Rhannau a ddefnyddir: rhisgl a dail

Mi welais goeden helygen wylofus (*weeping willow*) un diwrnod o wanwyn, ac fel y gellid disgwyl yn y gwanwyn roedd y gwydde bach yn hir ac yn gain iawn, ac yn gymysg â'r dail ifanc, ir. Roedd y goeden i gyd yn felyn golau ac wrth i'r haul ddisgleirio arni hi, roedd yn olygfa wych.

Gweld harddwch yr helygen yn llawn gwyddau bach wnaeth i mi feddwl coeden mor werthfawr ydi hi mewn gwirionedd. Mae gan y genws *Salix*, tua 400 o wahanol rywogaethau o goed a llwyni collddail. Mi gewch chi'r rhan fwyaf ohonyn nhw ar briddoedd yn rhannau oer a gwlyb hemisffer y gogledd, ac mae tua phedair ar bymtheg ohonyn nhw'n gynhenid i Ynysoedd Prydain.

Mae dyn wedi gwneud defnydd o'r helygen ers yr Oes Neolithig tua phum mil o flynyddoedd yn ôl. Roedd yr helwyr yma'n defnyddio gwiail yr helyg i wneud cwryglau a'u gorchuddio hefo crwyn anifeiliaid. Coed helyg oedden nhw hefyd yn eu defnyddio i wneud y bangor neu'r ffens wiail bleth, ac roedd yr helygen hefyd yn ddefnyddiol i ffurfio'r gored er mwyn dal pysgod.

Cewch sawl cyfeiriad at helyg yn y Beibl. Er enghraifft yn Llyfr y Salmau, mae sôn am yr hen genedl yn eistedd ac yn wylo wrth afonydd Babilon ac meddai'r Salmydd '*Ar yr helyg o'u mewn y crogasom ein telynau*'. Yn Eseia wedyn, mae cyfeiriad at gynefin yr helyg '*a hwy a dyfant megis ymysg glaswellt, fel helyg wrth ffrydiau dyfroedd*'.

Rydan ni'n gwybod mai mewn llefydd gwlyb a llaith y down ni o

hyd i'r helygen fel rheol, ond mae
yna rai aelodau o'r teulu yma sydd
yn well ganddyn nhw dyfu mewn
llefydd ychydig bach yn sychach. Un
o'r rhain ydi'r helygen ddeilgron –
Salix caprea ydi'r enw gwyddonol
arni, y *goat willow* neu'r *sallow* yn
Saesneg. Ers talwm roedd pobl oedd
yn cadw gwenyn yn arfer plannu'r rhain am fod y cynffon gwyddau bach
yn ffynhonnell werthfawr o neithdar yn gynnar yn y flwyddyn ac felly
roedd y gwenyn yn medru llenwi'r crwybrau'n gynnar yn y tymor.

Yn ystod y ddeuddegfed ganrif, roedd cofnod o faint o arian oedd
wedi cael ei dalu i'r trysorlys yn cael ei nodi ar ddarn o bren helyg. Wedi
i'r arian gael ei dalu, roedd hyn yn cael ei nodi ar ddwy ochr darn o bren,
a'r enw yn cael ei gofnodi. Roedd y darn pren yn cael ei haneru bron i'r
gwaelod, ac wedyn ei dorri ar draws i wneud ryw fath o handlen fach ar
y gwaelod.

Y sawl oedd wedi talu oedd yn cadw'r darn mwyaf – y rhicbren, a'r
darn arall yn cael ei gadw gan y Trysorlys. Roedd y ddeuddarn hefyd yn
cael eu galw'n stoc a dalen. Os oeddech chi'n rhoi benthyg arian i Fanc
Lloegr tan tua dechrau'r bedwaredd ganrif ar bymtheg, roedd y banc yn
cadw'r ddalen ac roeddech chi'n derbyn y stoc, a dyma ydi tarddiad y
'stocs and shares'. Nid eu bod nhw'n dal i ddefnyddio pren helyg – er efallai
y basa hi'n well iddyn nhw wneud hynny gan y basan nhw'n fwy o werth!

Daeth yr hen system hon i ben yn 1826, a phan ddigwyddodd hynny
mae'n debyg fod yna filoedd o'r rhicbrennau yma wedi'u bwydo i hen
fwyler Tŷ'r Cyffredin. Yn anffodus mi wnaeth orboethi ac mi fu yna
goblyn o lanast. Mwy o aer poeth nag arfer yn yr hen le decini!

Cyfeirir at goed helyg yng nghyfreithiau Hywel Dda, ac mae'r
cyfreithiau yn nodi fod coed nad ydynt yn dwyn ffrwyth fel, er enghraifft,
yr ynn, gwern neu helyg yn werth pedair ceiniog. Mae yna ychwanegiad,
sef fod pob cangen sy'n mynd i galon un o'r coed yma'n werth ceiniog,
ac mae cyfeiriad yn y cyfreithiau at y defnydd wneid o'r helyg i wneud
bwcedi.

Defnyddiwyd dail yr helyg i wneud trwyth i geisio denu cariad, ac

mae'r gwiail wedi'u defnyddio i wneud ffon hud ar gyfer dewiniaid. Os ydych chi isio gwybod fyddwch chi'n mynd i briodi yn ystod y flwyddyn sy'n dod, yna mi ddylech daflu eich esgid i fewn i ganol llwyn helyg ar Nos Calan. Os nad ydi'r esgid yn cael ei dal yn y brigau y tro cyntaf, yna mae gennych chi wyth siawns arall. Os llwyddwch chi i gael eich esgid i gael ei dal ym mrigau'r coed, yna mi fyddwch chi wedi priodi o fewn y flwyddyn – ond wrth gwrs mi fydd yn rhaid i chi ddringo'r goeden i gael eich esgid yn ôl!

Dros y canrifoedd defnyddiwyd pren helyg i wneud blychau, brwshys, cadeiriau a phob math o ddodrefn, doliau, ffliwtiau, teganau ac amrywiaeth mawr o offer. Mae papur, rhaffau a llinyn hefyd yn cael eu cynhyrchu o bren helyg.

Math o helygen wen, y *Salix alba*, amrywiad *caerulea,* sy'n cael ei defnyddio i wneud bat criced. Tua dechrau'r ddeunawfed ganrif fe ddewiswyd un goeden arbennig yn Norfolk fel y math gorau ar gyfer gwneud y batiau yma. Mi gafodd toriadau eu cymryd o'r goeden wreiddiol a'u tyfu yn arbennig er mwyn gwneud y batiau. Mae'r broses arbennig ddefnyddiwyd, ac sy'n dal i gael ei defnyddio, yn cychwyn drwy dyfu'r goeden yn gyflym nes bod y boncyff yn ddigon i wneud wyth llafn bat criced, er fel arfer dim ond rhyw dri neu bedwar gaiff eu torri o un goeden.

Ond nid ar gyfer y pethau yma yn unig roedd yr helyg yn ddefnyddiol – roedd yna ddefnydd meddyginiaethol hefyd i'r coed. Fel arfer, y Parchedig Edward Stone, person plwy oedd yn byw yn Swydd

Rhydychen ydi'r un sy'n cael y clod am dynnu sylw at rinweddau meddyginiaethol yr helyg. Tua 1757 roedd o'n dweud fod y rhisgl yn dda rhag 'clefydau'.

Er, y gwir ydi fod dail a rhisgl y goeden helyg wedi eu crybwyll mewn hen lawysgrifau o Syria a'r Aifft ganrifoedd ynghynt. Roedd y Groegwr Hippocrates, wedi cyfeirio at rinweddau meddyginiaethol yr helygen yn y bumed ganrif cyn Crist, ac mae brodorion cynhenid America wedi dibynnu arni ers canrifoedd hefyd.

Mi sylwch mai cyfeirio at goed helyg yn gyffredinol rydw i, ac nid unrhyw helygen arbennig. A hynny am nad oedd pobl gyffredin wedi gwahaniaethu rhyw lawer rhwng y gwahanol fathau o helyg. Roedden nhw'n gwybod ei fod o'n gweithio, ac wedyn doedd 'na ddim gwahaniaeth iddyn nhw rhwng helygen a helygen mewn gogoniant. Mi wnaeth Edward Stone roi gwybod i'r Gymdeithas Frenhinol am ei ddarganfyddiad, ac mi wnaethon nhw gyhoeddi ei waith. Hyn yn y pendraw arweiniodd at bobl yn cael y rhin allan o'r rhisgl, sef salicin.

Henri Leroux a Raffaele Piria yn 1828 oedd y rhai cyntaf i gael salicin mewn cyflwr pur, a phan mae gennych chi hydoddiant dirlawn (*saturated solution*) mewn dŵr, rydych chi'n cael asid salisylig.

Beth bynnag am hynny, roedd pobl gyffredin yn gwybod yn iawn am rinweddau rhisgl helyg ers canrifoedd, ac roedden nhw'n gwneud te hefo'r rhisgl er mwyn gostwng gwres neu dwymyn. Dulliau eraill o gymryd y cyffur o'r goeden oedd drwy gnoi'r rhisgl a thrwy sugno'r dail. Roedd pobl yn gwneud hyn er mwyn cael rhyddhad oddi wrth boen cricymalau neu'r gwynegon, arthritis a chur pen.

Mae helyg wedi'u defnyddio at nifer o bethau eraill hefyd fel atal colli gwaed ac ar gyfer cen ar y pen (*dandruff*), ac mae'r pren wedi cael ei fwydo mewn finegr ar gyfer tynnu defaid oddi ar y croen ac ar gyfer esmwytho cyrn ar y traed.

Ydi mae'r helygen yn wirioneddol hardd a'i gwyddau bach yn aur i gyd yn y gwanwyn, ond mae hi hefyd yn goeden ddefnyddiol dros ben.

RHYBUDD
Peidiwch â defnyddio'r planhigyn hwn fel meddyginiaeth oni bai eich bod yn gwybod sut i wneud y defnydd cywir

Y Pabi

Y PABI

Papaver somniferum

Opium Poppy

Teulu: teulu'r pabi; Papaveraceae
Enwau eraill: cwsglys, bulwg Ffrengig, drewg gwyn, llys y cwsg, llysiau'r cwsg
Disgrifiad: planhigyn unflwydd blewog gyda choes sydd â blew amlwg
Cynefin: gerddi; caiff ei dyfu ar raddfa eang yn Tasmania, Twrci ac India
Rhannau a ddefnyddir: coesynnau, hadau, dail

Un o'r pethau y bydda i'n sylwi arnyn nhw bob tro y bydda i'n mynd draw i rannau o Loegr ydi pa mor gyfoethog a ffrwythlon ydi'r tir yno. Does ryfedd eu bod nhw'n canu am *'this green and pleasant land'*. Digon gwir, a hawdd iawn y medran nhw frolio.

Wedi mynd i Suffolk roedden ni, a be oedd i'w weld yn tyfu fel chwyn ond y pabi coch (*Papaver rhoeas; common poppy*). Ar hyd ochrau'r ffyrdd, ochrau'r caeau, yng nghanol cnydau – roedd o i'w weld yn tyfu ym mhobman. Wrth edrych yn ôl rŵan mae meddwl am betalau coch, llachar y pabi yn fy atgoffa i o'r gwres a gawn ni fel arfer tua diwedd mis Mehefin. Mae'r lliwiau'n arbennig o drawiadol mewn ambell i gae – fel mae'r tywysennau'n melynu yng ngwres yr haul, mae'r pabi mewn gwrthgyferbyniad yn goch llachar.

Mae'n hawdd iawn gweld pam fod y pabi coch wedi'i ddefnyddio fel symbol o gofio – mae ei weld yn ymddangos mewn cae o ŷd yma ac acw, yn edrych yn debyg i ddafnau o waed. Fel yna y gwelwyd o wrth gwrs ar feysydd Fflandrys. Os edrychwch chi'n fanylach ar y pabi, mae'n flodyn tlws eithriadol. Mae'r petalau mawr, bregus yn teimlo bron fel papur sidan rhwng eich bysedd ac mae'r lliw coch yn hynod drawiadol. Yng nghanol y blodyn, mae'r canol yn ddu gyda'r brigerau a'r stigma i'w gweld yn glir.

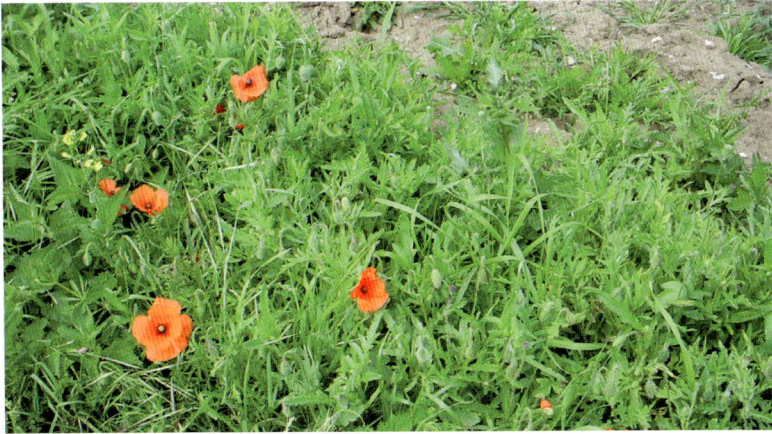

Mi gewch chi wahanol liwiau ar aelodau o'r teulu yma – mae rhai glas, gwyn, pinc, melyn ag oren yn ogystal â choch i'w gweld. Os torrwch chi'r goes, mi welwch sudd gwyn fel latecs yn ymddangos, a hwn sydd wedi rhoi'r enw ar y teulu - *Papaveraceae* ydi'r enw ar y teulu a 'pappa' ydi'r gair Lladin am fwyd neu lefrith.

Mae'n bur debyg mai'r pabi sydd fwyaf cyfarwydd i ni ydi'r un sy'n cynhyrchu opiwm – *Papaver somniferum* ydi'r enw gwyddonol arno a'r '*opium poppy*' yn Saesneg. Hwn ydi'r planhigyn sy'n cynhyrchu'r poen laddwyr gorau o bob planhigyn. Mae 'na bump ar hugain o alcaloidau yn bresennol yn y pabi yma, ag un ohonyn nhw ydi morffin.

Pan fydd pen y pabi wedi mynd i had ac yn cael ei dorri mi welwch y sudd gwyn, llaethog sy'n cynnwys yr opiwm, ac mae modd ei dynnu allan o'r dail a'r goes. Gall morffin leddfu poen, tawelu pryderon a sicrhau fod y claf yn cysgu. Mae 'na gyfeiriad yn *Othello* at y pabi a'r gallu sydd ganddo i roi rhywun i gysgu:

> '. . . Not poppy, nor mandragora,
> Nor all the drowsy syrups of the world,
> Shall ever med'cine thee to that sweet sleep
> Which thou owed'st yesterday'
>
> ('Othello', iii., 3)

Daw'r enw morffin o Morffews, sef duw'r breuddwydion yn chwedloniaeth gwlad Groeg. Roedd y Groegiaid yn ystyried mai cwsg

53

oedd y peth gorau ar gyfer gwella pobl ac felly, roedd y pabi i'w weld ym mhobman yn eu celf, eu crefydd a'u llenyddiaeth.

Pobl o'r Oes Neolithig yn ardaloedd gorllewinol Môr y Canoldir oedd y rhai cyntaf i dyfu'r pabi yma a hynny tua 6,000 o flynyddoedd yn ôl. Roedden nhw wedi darganfod ei fod yn bosibl i ddyn fynd i berlesmair drwy ei ddefnyddio. Oherwydd hynny, mi ddechreuwyd ei ddefnyddio at bopeth, ac fe ledaenodd ei ddefnydd mewn meddygaeth drwy wledydd Môr y Canoldir a thu hwnt.

Erbyn heddiw, mae meddygon yn defnyddio galluoedd poenliniarol morffin i leddfu poen difrifol. Mae pobl sy'n dioddef o gancr, rhai sy'n cael trafferthion gyda'r ysgyfaint a'r galon a rhai sydd wedi dioddef sioc enbyd yn debyg o gael morffin, ac fel rheol, mae'n cael ei roi wrth baratoi claf ar gyfer llawdriniaeth.

Papaverine ydi un arall o'r alcaloidau sy'n bresennol yn yr opiwm ac mae'n cael ei ddefnyddio i drin colig yn y coluddion; tra mae verapamil, un arall o'r alcaloidau sy'n debyg i *papaverine* yn ddefnyddiol i drin pwysedd gwaed uchel, gwayw'r galon neu angina, a churiad afreolaidd gan y galon.

Codin ydi un arall o'r alcaloidau, ac yn enw mwy cyfarwydd o bosib. Hwn eto yn un o'r poen laddwyr 'cyffredin' rydan ni'n ei ddefnyddio, er nad ydi hwn ddim ond hefo un rhan o bump o gryfder morffin. Fe'i defnyddir fel arfer at drin annwyd a pheswch a phob math o boen yn y cymylau a'r cyhyrau.

Yn ddiddorol iawn, mae gwyddonwyr yn dal i fethu syntheseiddio morffin yn gemegol, ac fe ddefnyddiwyd 400 tunnell o'r pabi er mwyn cael opiwm ar gyfer defnydd cemegol a meddyginiaethol. Mae angen tua 18,000 o bennau pabi i gynhyrchu ugain pwys o opiwm crai. Felly, mi fedrwch ddychmygu pam fod angen caeau ar gaeau o'r pabi er mwyn cynhyrchu'r opiwm.

Erbyn heddiw, mae'r pabi'n cael ei gynaeafu drwy ddefnyddio dyrnwr medi. Mae'r morffin yn cael ei dynnu'n gemegol o goesynnau a hadau'r pabi, ac mae'r codin yn ei dro yn cael ei dynnu'n gemegol o'r morffin. Y gwledydd sy'n cynhyrchu'r mwyaf o opiwm ydi India, Awstralia, Twrci a Ffrainc.

Mae'r pabi hefyd yn cael ei ddyfu ar gyfer cyffuriau anghyfreithlon fel

heroin mewn gwledydd fel Afghanistan, ac mewn rhai ardaloedd gwledig yn y wlad honno mae smocio opiwm yn cael ei ystyried yn ffordd dderbyniol o ymlacio. Yn anffodus, mae opiwm yn gyffur sy'n eich gwneud yn gaeth iddo, ac felly'n beryglus dros ben.

Yn ystod y bedwaredd ganrif ar bymtheg roedd meddygon yn rhoi lodnwm i'w cleifion a morffin oedd y cemegyn allweddol yn y feddyginiaeth honno.

Mae'n rhyfedd meddwl fod yr holl gyffuriau cryf a ddefnyddir yma yn deillio o'r blodyn hardd a bregus – y pabi.

RHYBUDD

Peidiwch â defnyddio'r planhigyn hwn fel meddyginiaeth oni bai eich bod yn gwybod sut i wneud y defnydd cywir ohono.

Eirin perthi

EIRIN PERTHI

Prunus spinosa

Blackthorn

Teulu: teulu'r rhosyn; Rosaceae
Enwau eraill: eirin tagu, eirin duon bach, eirin tagu, eirin du bach, eirin mân y llwyni gwylltion, eirin sur bach ac eirin surion
Disgrifiad: ffrwythau glas tywyll gyda gwawr lwyd arnyn nhw sy'n tyfu ar y ddraenen ddu
Cynefin: gwrychoedd
Rhannau a ddefnyddir: yr aeron yn bennaf, ond hefyd y rhisgl a'r dail

Ar y ddraenen ddu mae'r eirin perthi neu'r eirin tagu yn tyfu. Y *blackthorn* ydi'r enw Saesneg ar y goeden a *Prunus spinosa* ydi'r enw gwyddonol arni hi. Ystyr *spinosus* ydi dreiniog neu bigog. Mae'r ddraenen ddu yn bigog wrth gwrs – yn bigog iawn, a dyna pam fod y ddraenen hon wedi'i defnyddio mor helaeth i wneud gwrych. Mae pob anifail, gan gynnwys dyn, yn meddwl ddwywaith cyn stwffio drwy wrych o ddrain duon.

Mae lliw tywyll i'r pren ac, wrth gwrs, mae'r blodau'n ymddangos o flaen y dail ar y ddraenen ddu. Mae'n odidog eu gweld nhw'n agor yn fonheddig yng nghysgod y gwrych, ac yn wirioneddol wych gweld gwrych cyfan wedi ffrwydro'n flodau gwynion. Pum petal gwyn – claerwyn – sydd gan y petalau, a phum sepal gwyrdd golau ysgafn. Mae gwynder y blodau i'w gweld yn amlycach rywsut am fod y pren mor dywyll.

Coesyn gwyn sydd gan y brigerau, ugain ohonyn nhw fel rheol, ac antherau lliw brown golau a melyn, ac maen nhw'n edrych yn hynod o effeithiol yn erbyn gwynder y petalau. Gwenyn fel rheol sy'n peillio'r ddraenen ddu ac mae perygl o flodeuo'n rhy gynnar yn y flwyddyn gan na fydd gwenyn o gwmpas i'w peillio.

Bychan iawn ydi'r dail sy'n siâp hirgrwn ond pan fydd y blodau wedi

marw ar y ddraenen ddu a'r dail i gyd wedi agor, mi fydd y llwyn neu'r gwrych yn un gorchudd cywrain o'r dail bychain, gwyrdd yma.

Mae torri brigyn o'r ddraenen ddu a dod â hi i'r tŷ yn cael ei gyfri'n anlwcus, a hyd yn oed yn arwydd o farwolaeth. Ar y llaw arall, roedd cario ffon wedi'i gwneud o'r ddraenen ddu i fod i gadw'r sawl oedd yn ei chario rhag hud oedd yn cael ei daenu gan wrachod. Yn ôl traddodiad coron o ddrain duon roddwyd ar ben Crist i'w groeshoelio.

Defnyddiwyd y ddraenen ddu i drin defaid ar y croen, ac mae'r dail a'r ffrwythau wedi cael eu cnoi er mwyn gostwng pwysedd gwaed. Yn Tipperary yn Iwerddon, roedd rhisgl y ddraenen ddu yn cael ei roi i blant oedd yn dioddef o'r llyngyr. Mae tu fewn y rhisgl wedi'i ddefnyddio i baratoi trwyth oedd yn cael ei yfed ar gyfer trin clwy'r marchogion, ac yn Ucheldir yr Alban, mae'r blodau wedi'u defnyddio fel ffisig gweithio.

Mi fydd ffrwyth y ddraenen ddu, yr eirin perthi neu'r eirin tagu, yn datblygu yn ystod misoedd yr haf i fod yn aeron glas tywyll gyda gwawr lwyd arnyn nhw erbyn misoedd Medi a Hydref. Os ydych chi wedi blasu'r rhain erioed, mi wyddoch yn iawn pam eu bod nhw'n cael eu galw'n eirin tagu – mae 'na flas mor sur arnyn nhw, maen nhw'n crimpio tu fewn i'r geg nes eich bod chi'n tagu am ddiod o ddŵr. *Sloes* ydi'r enw Saesneg arnyn nhw, gyda llaw.

Rhaid bod adar ac anifeiliaid bychain yn cael y rhain yn sur hefyd, achos yn aml iawn, mi welwch chi'r eirin perthi ar ôl ar frigau llwm y goeden mor ddiweddar â mis Tachwedd ar ôl i bob deilen gael ei sgerbydu i ffwrdd gan y gwynt, ac ar ôl i bob aeron o bron bob coeden a phlanhigyn arall gael eu bwyta i gyd.

Mae dyn wedi darganfod un defnydd hynod iawn iddyn nhw, sef i wneud y '*sloe gin*' enwog, ac mae '*sloe gin*' i fod yn dda at annwyd. Roedd 'na gred hefyd fod y '*sloe gin*' yn dda at anhwylderau'r arenau.

Mae'r eirin perthi neu'r eirin tagu wedi'u defnyddio i wneud moddion at beswch, annwyd, dolur gwddw a thymheredd uchel. Yn ogystal maen nhw wedi'u defnyddio i wneud jam. Maen nhw hefyd yn dda iawn i rwymo'r corff (*astringent*) ac felly wedi eu defnyddio ar gyfer trin y dolur rhydd.

Felly, er fod blas diflas dros ben ar yr eirin perthi, maen nhw'n gallu bod yn ddefnyddiol iawn.

RHYBUDD
Peidiwch â defnyddio'r planhigyn hwn fel meddyginiaeth oni bai eich bod yn gwybod sut i wneud y defnydd cywir ohono.

Erwain

ERWAIN

Filipendula ulmaria

Meadowsweet

Teulu: teulu'r rhosyn; Rosaceae
Enwau eraill: brenhines y weirglodd, barf y bwch, brenhines y ddôl, brenhines y weirglodd, bugeiles y weirglodd, chwys Arthur, erchwaint, erwaint, llysiau blodau'r mêl, llysiau'r forwyn a meddlys
Disgrifiad: planhigyn lluosflwydd, unionsyth, deiliog sydd â gwreiddgyff ymledol
Cynefin: glaswelltir tamp, corsydd, ochrau ffosydd a nentydd a choedwigoedd gwlyb, agored; blodau lliw hufen, peraroglus, mewn clystyrau o flodigau canghennog trwchus; dail cyfansawdd gyda hyd at bum pâr o ddeilios mawr a deilios bach rhyngddynt
Rhannau a ddefnyddir: dail

Maen nhw'n fendigedig yn y ffosydd ac ym môn y gwrychoedd – y rhai hynny sy'n llwyddo i osgoi cryman a sdrumar, hynny ydi. Yn bendefigaidd osgeiddig, maen nhw'n goleuo ochr y ffordd â'u gwawr olau. Sôn rydw i wrth gwrs am frenhines y weirglodd neu'r erwain – y *meadowsweet* yn Saesneg – a *Filipendula ulmaria* ydi'r enw gwyddonol arnyn nhw.

Planhigyn godidog ydi hwn – yn tyfu i ryw bedair troedfedd o uchder ac mae arogl hyfryd arno. Mae'r pen mawr, hufennog yn edrych yn ddigon tebyg i gandi-fflos pan fydd y blodigau bychain i gyd wedi agor ac maen nhw'n tyfu fel arfer mewn llefydd llaith, fel ffos, gweirglodd weddol wlyb neu ar lan yr afon. Mi fydd yn ei flodau fel arfer rhwng Mehefin ac Awst.

Darganfuwyd y cemegyn asid salisylic yn yr erwain – yr un cemegyn ag a gewch chi yn yr helygen. Yn 1897, mi wnaeth Felix Hoffmann greu cemegyn oedd wedi'i newid yn synthetig o salicin, a'r planhigyn y gwnaeth o ei ddefnyddio oedd *Spirea ulmaria*, sef yr erwain. O'r hen enw

gwyddonol hwn, *Spirea*, y cafwyd yr enw Asprin. Asid acetylsalisylic oedd y cyffur newydd yma a wnaed gan Felix Hoffmann oedd yn gweithio i gwmni Bayer. Er, dydi hwn ddim heb helynt yn perthyn iddo fo, gan fod gŵr arall, Arthur Eichengrun wedi hawlio yn 1949 mai fo wnaeth y gwaith cynllunio a chyfarwyddo cynhyrchu Asprin. Mae cwmni Bayer yn gwrthod ei haeriadau, gyda llaw. Ond sut bynnag y cafodd ei wneud mae'n siŵr gen i mai hwn ydi un o'r cemegion sydd wedi bod fwyaf defnyddiol i'r hil ddynol.

Mae'r erwain yn cael ei ddefnyddio i drin y dwymyn, annwyd, peswch, ffliw a chricymala. Roedd te wedi'i wneud o'r blodau yn cael ei ddefnyddio i drin dolur yn y stumog a chur pen. Mae hefyd yn cael ei ddefnyddio fel diwretig. Llygaid yn llosgi ydi anhwylder arall y defnyddiwyd yr erwain i'w drin, ac mae o hefyd wedi'i ddefnyddio i leddfu llosgi'r croen ar ôl dal yr haul. Mae sôn ei fod hefyd wedi'i ddefnyddio i drin y manwyn neu glwy'r brenin (*scrofula*), sef anhwylder oedd yn achosi chwarennau i chwyddo.

Erstalwm mi fyddai'r blodyn yn cael ei ddefnyddio yn y tai oherwydd yr arogl braf sydd arno, ond mae 'na rai sy'n ystyried ei bod yn anlwcus dod â'r blodyn i fewn i'r tŷ. Wir, mae 'na hen goel petaech chi'n syrthio i

gysgu mewn ystafell oedd yn llawn o'r blodau yma, na fyddech chi byth yn deffro. Roedd y derwyddon yn ôl pob sôn yn ystyried yr erwain yn blanhigyn sanctaidd.

Mae'n ddigon posib fod y planhigyn wedi cael yr enw Saesneg *meadowsweet* yn wreiddiol am ei fod wedi cael ei ddefnyddio i roi blas ar y medd, er mai *mead-wort* oedd ei enw radeg hynny, ac fod y *mead-wort* wedi troi hefo amser yn *mead-sweet*, ac wedyn yn *meadowsweet*. Enw arall yn Gymraeg ydi'r meddlys.

Ceir cyfeiriad at yr erwain ym mhedwaredd gainc y Mabinogi – sef chwedl Math fab Mathonwy. Os cofiwch chi, roedd Math a Gwydion wedi penderfynu creu gwraig o flodau ar gyfer Lleu Llaw Gyffes. A'r hyn sy'n cael ei ddweud yn y chwedl ydi:

> 'Yna y cymerasant hwy flodau y deri, a blodau y banadl, a blodau yr erwain, ac o'r rhai hynny y swynasant y forwyn decaf a mwyaf gosgeiddig a welodd dyn erioed. Ac fe'i bedyddiasant hi, a rhoi'r enw Blodeuwedd arni.'

Mae'n debyg fod Gwydion a Math wedi defnyddio blodau'r deri i roi nerth a chadernid i Blodeuwedd; blodau'r banadl am eu harddwch, a

blodau'r erwain am eu haddfwynder. Mae'n paentio darlun hyfryd yn dydi? A does ryfedd fod Blodeuwedd yn hardd yn nagoes? Cofiwch chi, mae 'na un peth na dydw i erioed wedi llwyddo i'w ddeall. Sut ar wyneb y ddaear roedden nhw wedi llwyddo i gael y deri, y banadl a'r erwain i flodeuo run pryd? Ond dyna fo, pwy ydw i, i amau dawn dewin fel Gwydion?

Rydw i'n ffodus iawn mod i'n cael mynd i Lanfechell bob nos Lun at ddosbarth WEA brwdfrydig dros ben. Yn ystod un o'r sesiynau, buom yn trafod yr erwain. Yr enw roedd amryw o aelodau'r dosbarth wedi'i arfer ar yr erwain oedd 'blodau crachod'. Roeddwn i wedi clywed yr enw o'r blaen ond ddim yn gwybod pam ei fod o'n cael ei alw wrth yr enw yna. Dywedwyd mai am fod y sudd yn gallu codi crachod ar y croen roedd hyn a'u bod yn blant yn cael eu siarsio rhag casglu'r blodau rhag iddynt effeithio ar y croen.

Ddiwrnod neu ddau'n ddiweddarach, roeddwn yn digwydd siarad gyda chriw o ddysgwyr yn Llanfairpwll ac unwaith eto, daeth yr enw 'blodau crachod' i'r fei. Dywedodd un wraig ei bod wedi cael ei rhybuddio i olchi ei dwylo ar ôl gafael y blodau rhag ofn i grachod godi ar ei dwylo. Byddai'n ddiddorol iawn gwybod os ydi'r enw yn gyffredin ledled Cymru.

Cefais wybod gan wraig sydd wedi dysgu Cymraeg, mai 'caru a phriodi' roedden nhw'n ei alw arno yn Saesneg, a hynny meddai hi am fod yr arogl yn hyfryd pan mae'n tyfu'n wyllt, ond unwaith rydych chi wedi'i dorri, dydi'r arogl ddim cweit cystal – rhywbeth tebyg i 'garu a phriodi'! Difyr ynte?

RHYBUDD
Peidiwch â defnyddio'r planhigyn hwn fel meddyginiaeth oni bai eich bod yn gwybod sut i wneud y defnydd cywir ohono.

Byddon chwerw

BYDDON CHWERW

Eupatorium cannabinum

Hemp agrimony

Teulu: llygad y dydd; Asteraceae (Compositae)

Enwau eraill: bedwen chwerw, byddon, cywarch gwyllt, cywarch dŵr.

Disgrifiad: planhigyn lluosflwydd tal sy'n tyfu i tua 1.5m o uchder, syth, nobl, melfedaidd gyda choesynnau â gwawr goch arnynt; pennau'r blodau yn glystyrau o flodigau bach pinc, ac mae yn ei flodau rhwng Gorffennaf a Medi; dail mewn parau gyferbyn â'i gilydd ac yn edrych yn debyg i ddail canabis

Cynefin: coedydd gwlyb, corsydd, ffosydd, mannau glaswelltog tamp

Rhannau a ddefnyddir: Y planhigyn cyfan; cesglir y dail yn gynnar cyn i'r blodau ymddangos; gellir casglu'r gwreiddiau naill ai yn y gwanwyn neu'r hydref; cesglir y blodau ar ôl iddynt orffen blodeuo yn gynnar yn yr hydref

---

Mae'n syndod nad oes llawer iawn mwy o ddefnydd wedi ei wneud o'r byddon chwerw fel meddyginiaeth cefn gwlad. Mae'n blanhigyn sydd i'w gael drwy'r rhan helaethaf o Ewrop, gorllewin Asia a gogledd Affrica. Fe'i gwelir ledled Ynysoedd Prydain, ond mae'n gyfyngedig ei ddosbarthiad ac efallai fod hyn yn un rheswm pam na wnaed mwy o ddefnydd ohono.

Enwau Cymraeg eraill arno yw cywarch neu cywarch dŵr, ac mae'r enw cywarch y dŵr yn rhoi awgrym clir i ni ble yn union mae'n tyfu. Mae'n blanhigyn sy'n tyfu'n dal (tua thair troedfedd) a hynny ym môn y gwrych ac fel rheol mewn ffos neu fannau gwlyb.

Hemp agrimomy ydi'r enw Saesneg, ac *Eupatorium cannabinum* yn Lladin. Mae'n cael yr enw 'cannabinum' am fod y dail, sydd mewn parau gyferbyn â'i gilydd, yn edrych yn debyg i ddail canabis, ond hyd y gwn i does ganddo ddim o rinweddau canabis. Clwstwr o flodau bychain yn creu un pen cyfansawdd sydd ganddo ac mae'r blodau pinc ar y pen yn creu clwstwr nid yn annhebyg i gandi-fflos bychan. Wedi datblygu'n ffrwythau, mae'r had â blew meddal gwyn arnyn nhw ac yn dlws iawn.

Cafodd ei enw gwyddonol *Eupatorium*, ar ôl Mithridates Eupator y Brenin o Bersia oedd yn ôl pob sôn yn defnyddio hud y planhigyn rhyfeddol yma i gynorthwyo ei filwyr i goncro'r Rhufeiniaid mewn brwydrau. Mae gan A. E. Houseman yn ei gyfrol hyfryd *A Shropshire Lad* gerdd i Mithridates lle mae'n cyfeirio at arfer y Brenin o gymryd ychydig wenwyn er mwyn i'w gorff ddod yn gyfarwydd ag o:

> *'He gathered all that springs to birth*
> *From the many-venomed earth;*
> *First a little, thence to more,*
> *He sampled all her killing store;'*

Yna, wrth i'w elynion geisio ei wenwyno, roedden nhw'n methu'n racs, ac mae llinell ola'r gerdd yn wych –

> *'Mithridates, he died old.'*

Roedd Mithridates mae'n debyg yn defnyddio'r byddon chwerw i drin clwyfau, ac mae'n ddigon posibl fod hyn wedi digwydd dros y canrifoedd. Ceir un cofnod am bysgotwr o Gernyw oedd â braich wedi'i gwenwyno yn defnyddio powltris o ddail y byddon chwerw i'w drin. Yn ôl yr hanes, achubwyd ei fraich gan y powltris, neu fel arall byddai'n rhaid iddi gael ei thorri i ffwrdd.

Mae'r dail wedi eu defnyddio i dynnu gôr allan o benaddynod ac i drin acne ar y croen. Defnyddiwyd y planhigyn hefyd i gael gwared â'r clefyd melyn. Defnyddiwyd trwyth o'r byddon chwerw i drin problemau ar yr iau a'r arennau.

Darganfuwyd yr elfen chwerw, eupatoriopicrine yn y byddon chwerw ac yn gymharol ddiweddar mae gwyddonwyr wedi darganfod fod gan yr eupatoriopicrine effeithiau gwrth gancr. Mae gwaith ymchwil yn parhau ar y cemegyn hwn a geir yn y byddon chwerw.

Mae'r rhywogaeth *Eupatorium fistulosum* yn tyfu yng ngogledd ddwyrain yr Unol Daleithiau, ac mae 'na o leiaf bedwar o wahanol rywogaethau o Eupatorium i'w canfod yng ngogledd America.

Yr enw ar lafar am y rhywogaeth hon yng ngogledd America ydi 'Joe-Pye Weed', ac roedd gen i ddiddordeb mewn darganfod pam, a phwy oedd Joe Pye. Un o frodorion cynhenid America oedd Joe Pye ac roedd yn gwella clefydau drwy ddefnyddio llysiau rhinweddol. Yn ôl pob sôn roedd Joe Pye yn defnyddio'r planhigyn hwn i drin y dwymyn a sawl afiechyd arall.

Mae trwyth o chwyn Joe-Pye wedi'i ddefnyddio gan sawl un o lwythau Indiaid America fel sudd affrodisaidd yn ogystal ag i drin y dwymyn, anhwylderau'r arenau, annwyd ac anhwylderau'r croen. Mae'n dal i gael ei ddefnyddio hyd yn oed heddiw i wella yr annwyd a ffliw.

RHYBUDD
Peidiwch â defnyddio'r planhigyn hwn fel meddyginiaeth oni bai eich bod yn gwybod sut i wneud y defnydd cywir ohono.

Ysgawen

YSGAWEN

Sambucus nigra

Elder

Teulu: teulu'r gwyddfid; Caprifoliaceae

Enwau eraill: dagrau Iesu, pren ysgaw, pren ysgo, ysgawen gyffredin, ysgawlwyn cyffredin.

Disgrifiad: pump neu saith o ddeilios yn ffurfio'r ddeilen; blodau melyn hufennog welir yn ystod Mehefin a Gorffennaf

Cynefin: llwyn a welir yn gyffredin fel rhan o wrych

Rhannau a ddefnyddir: blodau, aeron a dail

Mae'r ysgawen yn un o'r planhigion hynny sydd wedi ei defnyddio'n helaeth ar gyfer meddyginiaethau cefn gwlad.

Yn ystod diwedd Mehefin a Gorffennaf mi welwch chi'r blodau o bell yn y gwrychoedd yn hufennog drawiadol yn erbyn irder y dail. Buan iawn y bydd y blodau i gyd yn marw, yn ffurfio had, ac erbyn diwedd yr haf mi fydd 'na glystyrau o aeron du lle roedd y blodau gwynion.

Mi rydan ni'n arfer meddwl am yr ysgawen fel coeden neu lwyn, ond mae'n perthyn i deulu'r gwyddfid ac felly'n cael ei dosbarthu fel planhigyn blodeuol. Mae'r blodau'n hardd ryfeddol ac i'w gweld o bellter, ond arogl digon anhyfryd sy 'na ar y dail. Un o'r llwyni collddail brodorol ydi hi ac yn amlach na pheidio, gweld yr ysgawen fel rhan o'r gwrych y byddwn ni. Os caiff lonydd i dyfu'n naturiol, mi wnaiff dyfu i fod yn llwyn sydd dros ddeg troedfedd ar hugain o uchder – does dim rhyfedd ein bod yn ei hystyried yn goeden!

Mae'n blodeuo yn ystod misoedd Mehefin a Gorffennaf ac yn troi'n ffrwyth yn ystod misoedd Awst a Medi. Mae'r blodyn yn hyfryd, dwi'n credu, yn ben mawr lliw gwyn hufennog sydd hefo degau os nad cannoedd o flodigau gwynion bach. Mae gan bob blodigyn bum petal fechan wen, ac mae'r brigerau melyn (pump ohonyn nhw) yn amlwg

iawn yn erbyn gwynder y petalau, a'r cymysgedd yma o betalau gwyn a brigerau melyn sy'n rhoi'r lliw hufen yma i'r blodyn.

Ran amla', cael ei defnyddio er mwyn trin annwyd a phroblemau wrth anadlu roedd yr ysgawen, a'r blodau neu'r aeron a ddefnyddid. Roedd y blodau'n cael eu berwi a'r hylif a gaed wrth wneud hyn yn cael ei ddefnyddio i achosi i'r claf chwysu, ac wrth wneud hyn wrth gwrs, y syniad oedd bod y drygioni yn cael ei chwysu allan o'r corff. Gwelir aeron piws ddu yn niwedd yr haf a dechrau'r hydref ac maen nhw'n gyfoethog mewn Fitamin C, ac yn dda ar gyfer cael gwared ag annwyd.

Defnyddid yr ysgawen er mwyn trin llosgiadau neu lid ar y croen, ac ar gyfer chwyddiadau. Tân Iddew (*erysipelas*) oedd afiechyd arall oedd yn cael ei drin gan yr ysgawen a'r crwn neu'r ddrywinen (*ringworm*). Yn ogystal, roedd defnydd yn cael ei wneud i drin briwiau ar y croen, cricymalau a defaid.

Mae cofnodion i'r ysgawen gael ei defnyddio i drin pigiadau pryfetach, ac os oeddech chi wedi cael eich llosgi gan ddanadl poethion. Mae hefyd wedi'i defnyddio i drin y dropsi, i olchi'r llygaid, rhwymedd, y clefyd melyn a'r frech goch, clwy'r marchogion, y ddannodd, gowt a thonsilitis.

Arferid gwneud gwin o flodau ac aeron yr ysgawen, a'i yfed er mwyn atal unrhyw afiechyd rhag digwydd. Mae sôn hefyd fod pobl yn arfer yfed y gwin os oedd unrhyw beth yn bod arnyn nhw cyn galw am y meddyg. Os nad oedd hyn yn clirio mewn diwrnod neu ddau, a bod yn rhaid galw'r meddyg, yna roedd pethau'n edrych yn o ddu ar y claf!

Mae'r blodau yma wedi'u defnyddio ers talwm iawn i wneud diod, a gwin yn ystod misoedd yr haf, drwy gymysgu'r blodau hefo siwgr neu fêl a dŵr. Roedd cwmni yn Surrey yn gwneud yr hyn oedd yn cael ei alw'n *'elder-flower champagne'*, ond mi roddwyd stop arnyn nhw am fod cynhyrchwyr siampên yn Ffrainc wedi cwyno, gan ddeud fod hwn yn dibrisio'r siampên go iawn. Ond mae pobol yn dal i wneud y stwff wrth gwrs, am ei fod o'n weddol rwydd a rhad i'w wneud ac yn handi i dorri syched adeg y cynhaea', a dydi o ddim llawer o wahaniaeth pa enw rowch chi arno fo.

Mi fedrwch chi hefyd ddefnyddio'r blodau hefyd i wneud pob math o bwdina haf drwy gymysgu'r blodau hefo ffrwythau o bob math ag ychwanegu ychydig o fêl a dŵr. Mewn ambell i ardal, mae'r blodau'n cael eu ffrio fel miod.

Mae dŵr lle mae'r blodau wedi bod yn mwydo ynddo fo yn cael ei werthu fel hylif sy'n dda i lanhau'r croen, ac roedd 'na dybiaeth yn Ynys Manaw pe byddai merch ifanc yn golchi ei gwallt mewn dŵr blodau'r ysgawen y byddai'n ei gwneud yn dlws. Mae'n debyg fod golchi'r gwallt hefo dŵr blodau'r ysgawen yn un ffordd o gadw'r gwallt yn olau.

Wnaiff pryfaid ddim mynd yn agos at y dail am fod yna arogl anhyfryd arnyn nhw; wel a bod yn berffaith onest, maen nhw'n drewi. Mae 'na sawl enghraifft o bobl yn defnyddio brigyn o'r ysgawen i gadw pryfaid i ffwrdd yng nghanol tes yr haf. Mae 'na stori am un ffarmwr oedd bob amser yn rhoi ychydig o ddail yr ysgawen ar ben ei geffylau gwedd er mwyn cadw'r pryfaid i ffwrdd.

Mewn oes pan oedd pawb hefo tŷ bach yng ngwaelod yr ardd, roedd yr ysgawen yn cael ei phlannu yn ymyl y geudy er mwyn cadw'r pryfaid draw. Yn sicr, mae rhywbeth yn y dail sy'n lladd pryfaid.

'*Tramman*' ydi'r enw ar yr ysgawen yn Ynys Manaw, ac *elder* ydi'r enw yn Saesneg. Mae'n debyg fod yr enw yn tarddu o'r Eingl-Sacsoneg '*eldrun*', sy'n ei dro yn tarddu o '*aeld*' sy'n golygu tân, ond mae 'na nifer o enwau eraill arno yn Saesneg hefyd gan gynnwys y *boontree*, *dog tree* a *fairy tree*.

Mae 'na bob math o ofergoelion sy'n gysylltiedig â'r ysgawen. Er enghraifft, mae 'na gred na ddylech chi ddim torri llwyn ar eich tir heb ofyn ei ganiatâd yn gyntaf, ond unwaith, roeddech chi wedi gofyn i'r ysgawen, yna roedd hi'n iawn i chi wneud hynny.

Yn ôl rhai mae'n anlwcus dod â'r blodau i'r tŷ am mai llwyn y gwrachod ydi'r ysgawen. Ond wedyn, os na chewch chi ddod â blodau'r ysgawen i'r tŷ, sut aflwydd ydych chi'n mynd i wneud y gwin 'sgawen?

RHYBUDD
Peidiwch â defnyddio'r planhigyn
hwn fel meddyginiaeth oni bai
eich bod yn gwybod sut i wneud y
defnydd cywir ohono.

Myrr

MYRR

Commiphora molmol

Myrrh

Teulu: burseraceae
Enwau eraill:
Disgrifiad: llwyn neu goeden fach gyda changhennau ceinciog a blaenau pigog.
Cynefin: anialwch
Rhannau a ddefnyddir: y sudd o'r goeden

'*A phan ddaethant i'r tŷ, hwy a welsant y mab bychan gyda Mair ei fam; a hwy a syrthiasant i lawr, ac a'i haddolasant ef: ac wedi agoryd eu trysorau, a offrymasant iddo anrhegion; aur a thus a myrr.*'

Tybed sawl gwaith rydych chi wedi clywed y darlleniad yna? Ddwsinau o weithiau dros y blynyddoedd mae'n siŵr gen i. Ond tybed wyddoch chi be yn union ydi myrr?

Resin ydi o sy'n dod o lwyn neu goeden fechan, a *Commiphora molmol* ydi'r enw gwyddonol ar y goeden honno. Mae'r coed yn tyfu mewn dyffrynnoedd anghysbell yn Somalia. Maen nhw hefyd i'w cael ar arfordir y Môr Coch yn Ghizan, ardal sydd mor sych a llwm

nes ei bod hi'n cael ei galw'n '*Tehama*'. Ystyr tehama ydi uffern, ond er bod y coed yn tyfu mewn llefydd anghysbell ac anodd i gyrraedd yno, mae'n werth gwneud yr ymdrech i gasglu'r resin am ei fod o mor werthfawr.

Cesglir y resin mewn dull sy'n ddigon tebyg i'r ffordd mae rwber yn cael ei dynnu o goed. Dydi'r llwyni ddim yn tyfu fawr mwy na ryw naw troedfedd o uchder, ond maen nhw'n goed sy'n eithaf soled gyda changhennau ceinciog ac yn gorffen mewn pigyn hefo blaen main.

Mae torri rhisgl y goeden ar ei draws yn achosi i'r sudd sydd yn y goeden i ddiferu allan o'r toriad. Araf iawn ydi'r sudd yn llifo allan o'r coed hyn ac mae hynny'n rhoi cyfle iddo sychu'n araf ar y goeden, a'r sudd hwn wedi caledu sy'n cael ei gasglu i wneud y myrr.

Mae'r sudd yn llifo allan fel hylif melyn golau ond yn caledu i wneud lympiau brown/goch o wahanol feintiau, ond y rhan fwyaf ohonyn nhw tua'r un maint â marblis. Mae arwynebedd y darnau yn arw ac mae'n hawdd iawn torri'r darnau, ac mae yna arogl aromatig arnyn nhw. Y broblem fawr ydi ei gario o'r llefydd anghysbell lle mae'r coed yn tyfu. Mae'n debyg mai dim ond ar ôl llwyddo i ddofi camelod ac i sefydlu'r llwybr masnach cymhleth y llwyddwyd i gario'r myrr gwerthfawr o'r dyffrynnoedd pellennig i'r marchnadoedd lle roedd gweision brenhinoedd ac ymerawdwyr yn ei brynu.

Mae myrr wedi'i ddefnyddio ers miloedd o flynyddoedd fel cynhwysyn mewn arogldarth a pheraroglau. Roedd yr Eifftiaid yn ei ddefnyddio ar gyfer eneinio'r corff marw a hefyd ar gyfer mygdarthu.

O Somalia y daw'r myrr gorau, ac mae'n cael ei brynu yn ffeiriau'r Berberiaid a'i gludo i'r India. Yn y fan honno caiff ei ddidol ac mae'r stwff gorau'n dod i Ewrop tra bod y stwff salaf yn cael ei anfon i China. Mae yna nifer o gynhwysion yn y myrr gan gynnwys olew a resin o'r enw '*myrrhin*', ac mae o'n rhannol doddadwy mewn dŵr, alcohol ac ether.

Roedd myrr yn cael ei ystyried yn werthfawr dros ben yn Asia ac Ewrop, ac yn cael ei ddefnyddio ar gyfer pob math o wahanol feddyginiaethau. Er enghraifft yn ogystal â'i ddefnydd ar gyfer pêr-eneinio roedd o hefyd yn cael ei ddefnyddio i drin cancr, y gwahanglwyf a'r frech fawr. Roedd myrr wedi'i gymysgu hefo llysiau'r bara a mêl yn cael ei ddefnyddio i drin crachen annwyd.

Hyd yn oed cyn i'r baban Iesu dderbyn myrr yn rhodd ar ei enedigaeth ddwy fil o flynyddoedd yn ôl, roedd myrr yn cael ei ystyried yn anrheg gwirioneddol werthfawr. Mae 'na sawl cyfeiriad at fyrr yn y Beibl, er enghraifft yn Genesis pan mae brodyr Joseff yn ei daflu i'r pydew, rydan ni'n clywed fod yna fintai o Ismaeliaid wedi dod heibio o Gilead, a dyma sy'n cael ei ddweud yn y Beibl '*a'u camelod yn dwyn llysiau, a balm, a myrr*'. Wrth gwrs, ar eu ffordd i'r Aifft roedden nhw i werthu eu llwyth gwerthfawr ac, os cofiwch chi, mi werthwyd Joseff druan iddyn nhw.

Yn Exodus pan mae Duw yn rhoi gorchymyn i Moses i baratoi olew sanctaidd i eneinio pabell y cyfarfod, mae o'n dweud wrtho '*Cymer i ti ddewis lysiau, o'r myrr pur, bwys pum can sicl … '*. Hynny ydi, y stwff gorau un ac roedd y myrr yn cael ei ystyried yn werthfawr dros ben.

Roedd yr Eifftiaid yn gredinwyr cryf yn ei allu i wella. Roedden nhw'n ei losgi bob dydd fel rhan o'u seremonïau crefyddol. Pan oedd milwyr gwlad Groeg yn mynd i ryfel, roedd myrr yn rhan hanfodol o'u cit am ei fod yn antiseptig da dros ben ac yn cael ei ddefnyddio i liniaru llid.

Erbyn heddiw, mae'n cael ei ddefnyddio i drin pob math o glefydau gan gynnwys broncitis, dolur rhydd, llindag, caethdra, peswch, llid ar y croen, diffyg traul, gwynt, clwy'r marchogion, y darwden a nifer o anhwylderau'r croen.

Mi ges i fyrr yn anrheg Nadolig rai blynyddoedd yn ôl ac roeddwn i'n wirioneddol falch o'i dderbyn. Doeddwn i erioed wedi gweld peth o'r

blaen heb sôn am ei arogli – ac mae yna arogl hyfryd arno. Am wn i mai dyma'r tro cyntaf erioed i ni fedru defnyddio myrr go iawn fel anrheg Melchior i'r baban Iesu yn y ddrama Nadolig.

RHYBUDD
Peidiwch â defnyddio'r planhigyn hwn fel meddyginiaeth oni bai eich bod yn gwybod sut i wneud y defnydd cywir ohono.

Craf y geifr

CRAF Y GEIFR

Allium ursinum

Ramsons

Teulu: teulu'r lili, Liliaceae
Enwau eraill: cra dynion, craf y geifr llydanddail, garlleg y geifr, garlleg yr arth
Disgrifiad: planhigyn lluosflwydd, di-flew sy'n tyfu o fwlb
Cynefin: fe'i gwelir yn aml yn tyfu dan goed mewn mannau tamp, ac ar ochrau ffosydd a nentydd.
Rhannau a ddefnyddir: dail

Pan oeddwn i'n fach, un o'r pleserau mawr oedd cael mynd i dŷ fy modryb a f'ewythr oedd yn byw yn y Lodj ar Stad y Parciau ym Marian-glas, Môn. Mi fyddwn i, fel arfer, yn cael mynd yno bob pnawn Sul am dro, ac yn ystod gwyliau'r haf, mi fyddwn yn cael mynd yno i aros. Wel dyna i chi be oedd nefoedd i blentyn. Roedd yna ddigonedd o goed cyll y tu cefn i'r tŷ, a rhyddid i redeg a chwarae fel y mynnwn i. Am y clawdd â'r tŷ, roedd yna nant fechan yn rhedeg, ac os byddwn i ar goll mi allech fentro'ch pen mai yno y byddwn i'n chwarae yn y dŵr.

Led cae i ffwrdd, roedd yna bwll o ddŵr, lle byddai'r gwartheg yn dod i nôl dŵr ac nid nepell o'r pwll roedd yna lwybr. Llwybr sindars oedd o'n cael ei alw, ac roedd hwn yn arwain drwy goed y Parciau draw i Eglwys Llaneugrad. Doedd o ddim yn llwybr cyhoeddus; llwybr oedd o arferai gael ei ddefnyddio mewn oes cyn dyfodiad y car, gan y rheithor wrth gerdded o Eglwys Llanallgo draw i Eglwys Llaneugrad, ac roedd hynny'n golygu cryn arbediad o ran pellter ac amser.

Roedd y llwybr yma'n lle nobl iawn i gerdded drwy'r coed, a thua mis Mai mi fyddai yna arogl nionyn cryf yn codi o'r coed a'r blodau gwynion hardda welsoch chi erioed yn serennu arnoch chi dan y coed. Dwi ddim yn hoff o'r arogl, ond mae'r blodau gwynion yn gain i'w rhyfeddu. 'Cra'

oedd enw fy ewythr arnyn nhw, a craf y geifr ydi enw arall arnyn nhw. Efallai i chi glywed mai'r rhain oedd wedi'u casglu i'w gweini hefo cig oen Cymreig ar gyfer Barak Obama ac arweinwyr eraill y byd pan oedden nhw'n ymweld â Llundain ar gyfer cynhadledd yr G20.

Allium ursinum ydi'r enw gwyddonol arnyn nhw a *ramsons* neu *wild garlic* yn Saesneg. Perthyn i deulu'r nionyn maen nhw, ac fel gweddill aelodau'r teulu maen nhw'n tyfu o fwlb. Mae yna bum cant a rhagor o rywogaethau yn perthyn i'r genws *Allium* ac mae'r rhywogaethau i'w canfod ym mhob rhan bron o hemisffer y Gogledd yn ogystal ag mewn llefydd fel Ethiopia a Mecsico. Wrth gwrs, mae yna rywogaethau rydan ni yn eu defnyddio bob dydd fel y nionyn, y cennin, shallots a'r garlleg yn perthyn i'r genws yma.

Ond synnwn i ddim nad craf y geifr ydi'r hardda o'r holl rywogaethau yma. Mae'n blanhigyn sy'n hoffi tyfu mewn clystyrau hefo'i gilydd ac mi fedrwch chi eu gweld o bell. Mae yna gnwd da ohonyn nhw'n tyfu wrth ochr y ffordd ar lôn Cefniwrch wrth ben y lôn sy'n arwain am Dregaian. A phan fyddan nhw yn eu blodau, mi ellwch eu gweld nhw'n fel cynfas, wen lân o gryn bellter.

Pen cyfansawdd sydd gan y blodau, fel y gweddill o'r rhywogaeth sy'n perthyn i'r genws *Allium*. Mae un blodigyn yn edrych fel seren wen hefo chwe petal. Mae yna chwe briger hefyd yn codi o waelod bob un o'r petalau, ac mae'r stigma yn un pigyn hir gwyrdd yng nghanol y blodyn.

Mae defnydd wedi'i wneud o'r dail wedi'u torri yn fân i godi archwaeth at fwyd, ac mi fedrwch eu defnyddio i goginio wrth gwrs. Dylech fod yn arbennig o ofalus rhag eu cymysgu hefo dail lili'r

dyffrynnoedd sy'n edrych yn hynod o debyg – y gwahaniaeth mawr ydi fod lili'r dyffrynnoedd yn wenwynig.

Mae Fitamin C, allicin a haearn yn y planhigyn, ac mae craf y geifr wedi'i ddefnyddio i drin cricymalau, pwysedd gwaed uchel a'r fogfa. Y cemegyn allicin sy 'na mewn aelodau o'r teulu yma ac mae'r cemegyn hwn yn dangos nodweddion gwrthfacterol a gwrth ffyngau. Cafodd ei astudio mewn labordy gan Chester J. Cavallito yn 1944. Hylif di-liw ydi o sydd ag arogl cwbl nodweddiadol arno a'r allicin yma sy'n diogelu aelodau o deulu'r nionyn rhag pla. Mae'n bur debyg mai'r allicin yn y planhigyn sydd wedi bod yn gyfrifol am y defnydd a wneid o'r planhigyn i wrthsefyll annwyd, dolur gwddw a pheswch.

Roedd yna gred fod bwyta craf y geifr yn un ffordd o ddiogelu'r corff rhag heintiau ac annwyd. Mae 'na rigwm yn Saesneg:

'*Eat leeks in Lide★ and ramsins in May,*
and all the year after physicians may play.'

Dywediad arall yn Saesneg ydi '*nine diseases shiver before the garlic*' – sef *wild garlic* neu craf y geifr. Roedd gan bobl Sligo gymaint o ffydd ynddo nes bod llawer ohonyn nhw yn cario darn yn eu poced yn ystod y pandemig ffliw yn 1918.

Roedd pobl yn arfer gwisgo'r dail dan wadnau'r traed ac yn credu fod hyn yn eu diogelu rhag annwyd a pheswch. Fel rheol bwyta'r planhigyn

naill ai'n amrwd neu wedi'i goginio roedd pobl.

Ambell dro roedd pobl yn rhwbio'r sudd i'r croen, ac mae craf y geifr wedi'i ddefnyddio ar gyfer nifer o anhwylderau fel y ddannodd, briwiau ar y bysedd, ac i wneud powltris os oedd rhywun yn dioddef o'r clwy penna neu chwydd o gwmpas y gwddw.

Erbyn heddiw, mae gwyddonwyr wedi darganfod fod gan allicin y gallu i ostwng colesterol. Pwy a ŵyr na welwn ni ragor o ddefnydd o graf y geifr yn y dyfodol? Mae'r blodyn yn eithriadol o dlws, ac mae'r arogl yn un na fedrwch chi ddim ei anghofio!

Lide★: enw arall yn Sacsneg ar fis Mawrth

RHYBUDD
Peidiwch â defnyddio'r planhigyn
hwn fel meddyginiaeth oni bai
eich bod yn gwybod sut i wneud y
defnydd cywir ohono.

Celyn y môr

CELYN Y MÔR

Eryngium maritimum

Sea-holly

Teulu: teulu'r foronen; Apiaceae neu Umbelliferae
Enwau eraill: boglynnon arfor, boglynnon y môr, morgelyn
Disgrifiad: planhigyn lluosflwydd gwyrddlas, pigog sy'n ffurfio
clystyrau ar dwyni tywod; blodau glas nodedig mewn pennau
sfferaidd, trwchus yng nghanol bractau pigog; mae'n blodeuo yn ystod
misoedd Gorffennaf ac Awst.
Cynefin: twyni tywod, traethau graean bras, arfordir
Rhannau a ddefnyddir: gwreiddiau

Mi fydda i'n crwydro llawer i dwyni tywod Aberffraw yn ystod yr
haf, ac un o'r planhigion y bydda i'n gwirioni ar ei weld yno bob
blwyddyn ydi celyn y môr. Mae'n rhaid cerdded ar draws y twyni
tywod a mynd yn agos at y môr i weld y planhigyn yma.

Wrth i chi nesu at y môr, mae'r twyni tywod yn llawer mwy a'r
tywod yn llawer meddalach ac yn sydyn reit rydych chi'n ei weld
o – yn glystyrau llwydwyrdd ar y twyni. O'r diwedd, wedi dringo
i fyny ato, dyna ble mae celyn y môr (*Eryngium maritimum, sea-
holly*) yn ei holl ogoniant, ac os oes yna blanhigyn trawiadol,
smart, hwn ydi o!

Mae'r enw celyn yn addas iawn, gan fod ei ddail yn bigog, er
mai llwydwyrdd ydi lliw'r dail yn wahanol i'r gwyrdd tywyll sydd
ar y gelynnen. Mae'r blodyn yn rhyfeddol o dlws – yn ganol mawr
a'r lliw glas hyfrytaf arno. Siâp côn neu siâp ŵy sydd ar y blodyn
ac mae'n union fel petai o'n ffrwydro allan o ganol y bractiau
pigog. Mae gwythiennau llwyd amlwg iawn i'w gweld ar y
bractiau yma sy'n ychwanegu at eu harddwch, ac mi fydd hwn,
neu o leiaf aelodau eraill o'r un teulu, yn cael ei werthu mewn

siopau blodau, am fod gosodwyr blodau yn hoff iawn o'i ddefnyddio. Erbyn heddiw mae o hefyd yn cael ei ddyfu mewn gerddi.

Mae yna dros ddau gant o wahanol rywogaethau o gelyn y môr ac maen nhw i'w gweld ym mannau tymherus a throfannol y byd. Ar dywod neu raean bras y gwelwch chi gelyn y môr yn tyfu, ac ambell dro mewn agen ar graig gerllaw'r môr. Mae'n gwreiddio'n ddwfn er mwyn cael cyflenwad o ddŵr croyw. Mi fydd yn blodeuo rhwng Mehefin a Medi, felly mae gennych chi ddigon o gyfle i'w weld o yn ystod yr haf. Mi gaiff ei beillio gan wenyn, cacwn, chwilod a gloÿnnod ambell dro.

Mae 'na berthynas arall iddo, sef celyn y maes (*Ergynium campestre, 'field eryngo'*) ac mi welwch chi hwn ar laswelltir ger yr arfordir.

Mae defnydd wedi'i wneud o wreiddiau celyn y môr a chelyn y maes. Roedd angen codi'r gwreiddiau o ddyfnder o tua chwe troedfedd. Wedi'u plicio a'u berwi, roedden nhw'n cael eu torri yn dameidiau hir, tenau ac yna'n cael eu troi a'u gorchuddio hefo syryp cryf. Bu Colchester yn enwog am ganrifoedd am baratoi'r '*eryngo-root*' fel roedd o'n cael ei alw, ac roedd hwn yn dda ar gyfer annwyd a pheswch, a hefyd fel affrodisiad. Roedd pobl hefyd yn credu ei fod o'n dda fel tonic.

Ar Ynysoedd Aran, roedd yn dal i gael ei ddefnyddio mor ddiweddar â dauddegau'r ganrif ddiwethaf i gael gwared â llyngyr gan blant, ac ar Ynys Manaw, roedd y sudd o'r dail yn cael ei ddefnyddio i drin pigyn yn y glust.

Mi ganodd Cynan i gelyn y môr. Medda fo yn gerdd 'Ym Min y Môr',

> 'Ond rhowch i mi'r môr-gelyn a blodau'r ysgall hallt
> A llygaid dydd y Morfa a blethit ti'n dy wallt;
> Ac er bod eos yma bob nos i ganu serch,
> Mi rown y cyfan heno am draethell Aber Erch,
>   A chri'r gwylanod lleddf eu côr
> Ym min y môr, ym min y môr.'

Ia, ym min y môr y cewch chi gelyn y môr ac mae o mewn llecyn delfrydol yn nhwyni tywod Berffro, yn edrych allan tua'r môr mawr.

RHYBUDD
Peidiwch â defnyddio'r planhigyn hwn fel meddyginiaeth oni bai eich bod yn gwybod sut i wneud y defnydd cywir ohono.

Mwyar Duon

MWYAR DUON

Rubus fruticosus

Blackberry *neu* bramble

Teulu: teulu'r rhosyn; Rosaceae

Enwau eraill: mwyaren ddu, draen mieri, drysïen, mafon duon, miaren, mwyar duon

Disgrifiad: llwyn pigog sy'n ddrysfa o goesynnau pigog yw'r fwyaren, a'r ffrwyth yw'r mwyar duon

Cynefin: gwrychoedd a pherthi, ochrau'r ffyrdd, tir anial, coedwigoedd

Rhannau a ddefnyddir: y mwyar duon, gwreiddiau a dail

'Fisitors Mwyar Duon' ydi'r enw fyddwn ni'n ei roi yn Sir Fôn ar yr ymwelwyr hynny sy'n cyrraedd yn ystod misoedd Medi a Hydref. Mae'r fisitors mwyar duon yn bobol hŷn ac yn fwy gwaraidd fel rheol, yn fwy hamddenol, ac yn debycach o barchu is-ddeddfau anweledig cefn gwlad. Wrth gwrs, mae amryw ohonyn nhw'n loetran i bigo'r mwyar oddi ar y gwrychoedd a'r cloddiau, a dyna am wn i sut y cawson nhw'r enw – fisitors mwyar duon.

Roedd hel mwyar duon yn bwysig iawn pan oeddan ni'n blant. Mi fydda i'n dal i fwynhau eu casglu a'u bwyta nhw'n syth o'r gwrychoedd – ac yn mwynhau teisan a chrymbl fwyar duon hyd yn oed yn fwy! Un peth fydda i'n ei anghofio o flwyddyn i flwyddyn ydi pa mor las mae bysedd rhywun yn troi hefo sudd y mwyar – a faint o bigiadau gewch chi o'r planhigyn! Ond, does dim ots am hynny – mae'n werth mynd i'r drafferth i'w casglu nhw am y blas bendigedig sydd arnyn nhw.

Cyn i ddyn ddechrau amaethu tua chwe mil o flynyddoedd cyn Crist, rywle yng nghyffiniau'r cilgant ffrwythlon yn ôl y gwybodusion, hela a chasglu oedd dyn at ei fyw. Felly, roedd gwybodaeth am ffrwythau a chnau yn bwysig. Mae'n dal i fod yn hynod o bwysig o hyd mewn poblogaethau brodorol mewn gwahanol rannau o'r byd ond yma, mewn

gwlad ble mae amaethu wedi bod yn ffordd o fyw ers canrifoedd, mae'r pwyslais ar gasglu ffrwythau a llysiau gwyllt wedi mynd yn llawer iawn llai.

Mae'n bur debyg mai o'r holl ffrwythau sy'n tyfu'n wyllt, mwyar duon ydi'r rhai y mae yna fwyaf o gasglu arnyn nhw erbyn hyn. Mae cyrff sydd wedi cael eu darganfod mewn rhew neu mewn corsydd sy'n rhai cannoedd o flynyddoedd oed yn dangos fod hadau mwyar wedi eu darganfod yn eu stumogau. Felly, roedd casglu mwyar yn bwysig i'n cyndeidiau ni.

Mwyaren ddu ydi'r enw Cymraeg swyddogol ar y planhigyn. A *bramble* neu *blackberry* yn Saesneg. Mae'r planhigyn yn un cwbl gyfarwydd wrth gwrs, a'r pigau ar y fwyaren sydd fwyaf cofiadwy mae'n debyg – heblaw am y ffrwyth. Mae mwyar duon yn gyfoethog mewn Fitamin C, ac felly mae bwyta'r ffrwythau yn ogystal â gwneud diod a gwin yn dda at annwyd, peswch a dolur gwddw. Maen nhw hefyd yn dda i garglo hefo nhw er mwyn clirio haint o'r llwnc a'r geg. Dylid ychwanegu dwy lond llwy de o fwyar duon i gwpanaid o ddŵr berwedig, ei adael am ryw chwarter awr ac wedyn ei ddefnyddio i olchi'r geg a'r llwnc.

Defnyddiwyd dail a gwreiddiau'r fwyaren fel ffisig rhwymo (*astringent*)

os oedd rhywun yn dioddef o'r dolur rhydd. Maent hefyd wedi'u defnyddio i drin y dolur rhydd mewn gwartheg a geifr, ac i drin y llindag ar geffylau.

Mae'n debyg fod y Groegiaid a'r Rhufeiniaid yn defnyddio'r fwyaren i wella gowt, ac mae'r dail yn dal i gael eu defnyddio i wneud ffisig i wella dolur gwddw. Roedd y dail hefyd yn cael eu defnyddio fel tonic, ac mewn ambell fan roedd cnoi'r blagur yn cael ei ystyried yn dda at ddŵr poeth neu losg cylla.

Defnyddiwyd y dail i drin nifer o afiechydon ar y croen, er enghraifft sbotiau a briwiau ar y croen, a llosg. Roedden nhw hefyd yn cael eu defnyddio mewn rhai mannau i drin yr eryr neu'r eryri.

Os oeddech chi'n mynd ati i wneud bwa o'r fwyaren, ac yn annog plentyn sâl i gerdded dan y bwa, yna roedd 'na siawns y basa fo neu hi'n gwella. Gorau oll os oedd y bwa wedi ei greu o ddwy fwyaren ble roedd y gwreiddiau'n dal yn y ddaear. Roedd yna gred hefyd y gallai bwa o'r math yma wella cricymalau.

Mae 'na hefyd enghreifftiau o'r fwyaren yn cael ei phlannu ar feddau oherwydd y gred ei bod yn cadw'r meirwon yn eu beddau a'r diafol yn uffern.

Defnyddir y fwyaren i lifo defnyddiau: mae'r blaenau ifanc, ir yn rhoi lliw du. Ceir glas tywyll o'r mwyar eu hunain ac mae'r gwreiddiau'n rhoi lliw oren i chi.

Mae'r ffermwr, wrth gwrs, wedi defnyddio'r fwyaren mewn gwrychoedd a chloddiau i rwystro anifeiliaid rhag crwydro dros ben y cloddiau hynny. Am fod gwlân y ddafad yn glynu wrth y pigau, roedd hyn yn ffordd hwylus iawn ers talwm o gasglu gwlân.

Mae 'na doreth o ofergoelion yn gysylltiedig â chasglu a bwyta'r mwyar. Ddylech chi ddim ar unrhyw gyfri gasglu'r mwyar ar ôl Gŵyl Mihangel, am ei bod yn beryglus eu bwyta ar ôl y diwrnod yma, ond mae'n bwysig cofio mai'r hen ddydd Gŵyl Mihangel – sef 11eg Hydref ydi'r dyddiad hwn. Y rheswm am hyn mae'n debyg ydi mai dyma'r diwrnod y cafodd y diafol ei hel allan o'r nefoedd. Fe laniodd yn ôl pob sôn, yng nghanol llwyn o fwyar duon ac yn ei wylltineb a'i gynddaredd fe boerodd ar fwyaren ar y diwrnod hwn a'i melltithio. Am hynny, mae'r goel fod y diafol yn y mwyar ar ôl Gŵyl Fihangel, ond mae'n haws gen i gredu fod rhywun wedi gwneud y stori i sicrhau nad oedd pobl yn bwyta'r mwyar ar ôl y dyddiad yma.

Wn i ddim os ydych chi wedi casglu mwyar yn hwyr yn y tymor erioed a'u gosod nhw allan ar blât ac yna ysgeintio siwgr yn ysgafn o'u cwmpas nhw. Trïwch. Mi ro i mhen i dorri y gwelwch chi nifer o lyngyr,

bychain, gwyn dim mwy na hyd ewin eich bys bach yn cordeddu allan o'r mwyar. Nematodau ydi'r rhain. Mae 'na filoedd o wahanol rywogaethau ohonyn nhw yn y byd – a rhai ohonyn nhw'n barasitiaid. Felly, mae'n ddigon posib fod y stori am y diafol wedi tyfu er mwyn ceisio perswadio pobl ofergoelus rhag bwyta'r mwyar a gwneud drwg iddyn nhw eu hunain drwy lyncu'r nematod hefo'r mwyar.

RHYBUDD
Peidiwch â defnyddio'r planhigyn hwn fel meddyginiaeth oni bai eich bod yn gwybod sut i wneud y defnydd cywir ohono.

Doctor Dail 1

BETHAN WYN JONES

Cyfardwf	Danadl poethion	Dant y llew
Banadl	Deilen gron	Gruw
Y goesgoch	Carn yr ebol	Merywen
Llysiau pen tai		Llydan y ffordd
Y ganrhi goch	Hen ŵr	Y wermod lwyd
Y wermod wen	Lafant	Mintys
Llysiau'r wennol